지은이
조경호

한국외국어대학교 스페인어과 졸업, 동대학원 석·박사과정과
BK21 박사과정 연구원을 거친 스페인어·라틴어 교육 전문가.
용인외대부고 1 기부터 교사로 재직하며,
입학홍보부장으로 12년간 수많은 국내외 인재를 발굴해왔다.
외대부고 영어캠프 총괄교사이자 세 자녀의 아버지로
"사교육은 의미 없다!"는 철학을 자녀 교육에 실험 중이다.
『대한민국 최고의 아이들은 어떻게 공부하는가』
『산초 티처의 공부 격언 일력 365』등 30여 권의
스페인어·라틴어 책을 집필했다.
학교 안팎에서 '산초 티처'라 불리는 그는
지금도 보이지 않는 인재를 찾아 분투 중이다.

산초 티처의
111
라틴어
필사집

서문

이 책은 111개의 라틴어 문장으로 엮였습니다. 왜 111개 문장을 선택 했을지 의아해 하실 것으로 생각됩니다. 제가 어렸을 때부터 봤던, 『어린왕자』 16장에서 '7번째 행성인 지구'를 그린 장면은 지금도 제게 가장 영감을 많이 주는 이야기였습니다. 많은 지위에 있는 사람의 숫자를 그려내는데, 첫 번째 세상의 왕은 111명이라는 것이 처음에 등장을 합니다. 그 부분이 그냥 스쳐지나간 어린 시절과 다르게 어른이 되면서 '왜 이 숫자일까?'를 여러번 생각하며, 그 숫자의 의미를 생각한 시간이 많았습니다.

숫자 1이 세 번 겹쳐진 이 수는 새로운 시작을 상징함과 동시에, 삼위일체적 균형과 조화, 완전한 하나 됨을 의미하는 것을 경험했기에 저 또한 111개의 세상을 아우를 수 있는 숫자로 111개를 선정해보았습니다. 111문장의 필사 과정을 통해 여러분도 새로운 출발과 내적 균형의 조화를 경험하시기를 바랍니다.

라틴어 문장을 한 줄 한 줄 옮겨 적는 행위는 단순한 필사 연습이 아닙니다. 빠름을 미덕으로 삼는 시대에 우리는 종종 자기 생각조차 따라가지 못한 채 쏟아지는 정보의 파도 속에 휩쓸리곤 합니다. 그러나 펜을 들어 고대 문장을 천천히 음미하며 써 내려갈 때, 우리는 비로소 '느림의 미학'을 되찾습니다. 손끝의 움직임과 호흡에 집중하는 그 순간, 마음은 고요히 가라앉고, 오래된 언어의 숨결이 현재의 나 자신과 만나게 됩니다.

그래서 필사는 단순히 글자를 옮기는 행위가 아니라, 과거의 삶을 살았던 고대 사상가의 생각을 느끼며 쓰는 배움입니다. 한 문장을 반복하며 따라 쓰다 보면 라틴어 언어의 구조가 자연스레 드러나고, '왜 이렇게 쓰였을까'라는 질문이 마음속에 일어납니다. 이 과정은 우리를 수동적 독자에서 능동적 사유자로 이끌며, 언어를 넘어 삶을 성찰하게 하는 메타인지의 길로 안내합니다.

라틴어는 오늘날 수많은 언어들의 뿌리이자, 서양 문명의 사유와 문화가 싹튼 자리입니다. 한 단어, 한 구절을 필사하며 우리는 고대인의 시선과 지혜를 더듬고, 동시에 스페인어·프랑스어·이탈리아어·영어 등 현대 언어의 뿌리를 손끝으로 체험하게 됩니다. 이는 곧 과거와 현재를 잇는 핏줄 속에서 언어의 리듬과 문명의 맥박을 함께 느끼는 경험이 될 것입니다. 라틴어 한 줄을 써도 좋고 전체를 써도 괜찮습니다.

그래서 이 책은 '학습의 도구'이자 '사색의 벗'이며, 무엇보다 고대와 현재, 그리고 나 자신을 연결하는 조용한 통로입니다. 111개의 문장을 따라 쓰는 느림 속에서, 여러분의 언어 감각과 깊은 사유의 바다를 느껴보시길 바랍니다.

항상 책 말미에 감사를 전하지만, 다시 한번 소수 외국어 및 고대 언어에 대한 애정을 가지고 세상의 지혜를 계속 숨쉴 수 있게 기회를 만들어주시는 출판사 임직원 여러분께 고마움을 전합니다.

산초 티처 조경호

차 례

서문 ┊ 4

라틴어 발음 ┊ 8

일러두기 ┊ 10

1	시작 ┊ 12	18	신중함 ┊ 48	35	축복 ┊ 84
2	정체성 ┊ 14	19	이해 ┊ 50	36	묵비권 ┊ 86
3	선 ┊ 16	20	협력 ┊ 52	37	예속 ┊ 88
4	습관 ┊ 18	21	회의 ┊ 54	38	이별 ┊ 90
5	건강 ┊ 20	22	존중 ┊ 56	39	신중 ┊ 92
6	취향 ┊ 22	23	지혜 ┊ 58	40	충족 ┊ 94
7	삶 ┊ 24	24	분별 ┊ 60	41	표리 ┊ 96
8	잘못 ┊ 26	25	성장 ┊ 62	42	성장 ┊ 98
9	겸손 ┊ 28	26	불가역 ┊ 64	43	절제 ┊ 100
10	승리 ┊ 30	27	탐욕 ┊ 66	44	진리 ┊ 102
11	품격 ┊ 32	28	주제파악 ┊ 68	45	중용 ┊ 104
12	두려움 ┊ 34	29	신체 ┊ 70	46	법치 ┊ 106
13	극복 ┊ 36	30	천시 ┊ 72	47	사랑 ┊ 108
14	역경 ┊ 38	31	응보 ┊ 74	48	객관성 ┊ 112
15	신뢰 ┊ 40	32	운명 ┊ 78	49	신앙 ┊ 114
16	진실 ┊ 42	33	변화 ┊ 80	50	겸손 ┊ 116
17	운명 ┊ 46	34	통찰 ┊ 82	51	여정 ┊ 118

52	분노	120	72	사랑	164	92	경험	204
53	예외	122	73	결과	166	93	기회	206
54	무상	124	74	양면성	168	94	신비	208
55	타락	126	75	이타	170	95	유혹	210
56	성장	128	76	결핍	172	96	다양성	212
57	모범	130	77	본질	174	97	정의	214
58	자성	132	78	경외심	176	98	절제	216
59	희망	136	79	자조	178	99	경쟁	218
60	우정	138	80	우세	180	100	시간	222
61	믿음	142	81	건강	182	101	거짓말	224
62	끈기	144	82	용맹	184	102	습관	226
63	심미	146	83	근면	186	103	양심	228
64	영감	148	84	변화	188	104	겸손	230
65	배움	150	85	위선	190	105	자제	232
66	도전	152	86	안부	192	106	휴식	234
67	극복	154	87	수련	194	107	중용	236
68	노력	156	88	애국	196	108	진실	238
69	분수	158	89	풍요	198	109	역설	240
70	극복	160	90	양심	200	110	사랑	244
71	치유	162	91	기록	202	111	학문	246

라틴어 발음

라틴어는 된소리(경음)이 아닌, 예사소리(평음)로 발음합니다.

예 Te → [떼] ×

　　　　[테] ○

라틴어와 영어는 기본적인 발음 규칙은 라틴어에서 유래한 것이 많습니다.
자음 발음의 영어와 같으면 다음 몇 가지 예외가 있습니다.

1. 영어와 다르게 발음되는 자음 6개

① C　뒤 모음에 따라 발음이 달라집니다.

ce [체], ci [치]

ca [카], co [코], cu [쿠]

② Ch　[ㅋ]로 발음합니다.

예 schola [스콜라]

③ G　뒤 모음에 따라 발음이 달라집니다.

ge [제], gi [지]

ga [가], go [고], gu [구]

④ J　/i/와 동일하게 [이] 발음합니다.

예 Jesu [이에수]

⑤ **T**　기본적으로 [ㅌ] 발음. 그러나 특정 모음 앞에서는 [ㅅ]처럼 납니다.

tie [시에], **tio** [시오], **tia** [시아], **tiu** [시우]

⑥ **V**　/u/와 동일하게 [우] 발음합니다.

예 **Ave** [아웨]

2. 모음 발음 원칙

이중모음으로 합치지 않고, 각각 독립적으로 발음합니다.

(모음연쇄 / vowel hiatus)

예 **Aer** → [애르] ✕

　　　　[아에르] ○

3. 장음과 단음

이 책에서는 장음/단음 표기를 하지 않고, 발음으로도 구별하지 않습니다.

따라서 실제 의미 차이가 있는 단어도 동일하게 발음합니다.

lĭber (자유로운) → [리-베르] ✕

līber (책) → [리이-베르] ✕

둘 다 **liber** [리베르] ○

일러두기

1. 한글(독음) 표기는 격언, 속담, 성경구절 등 본문의 한글(독음) 발음은 이탈리아식 교회 라틴어 (Ecclesiastical Latin) 방식을 따랐으며, 이중 모음은 연음 하지 않고 분절하여 표기하였다.
   이외에 인명·지명 등 설명은 국내에서 통용되는 한국어 표기 발음법에 따랐다.
   예시) Cicero (원어 표기 : 치체로/한국 독음 표기: 키케로)

2. 인명 원어의 한글명 또는 표기는 한국 사람들이 사용하는 통상적인 사용 인명으로 기재하였다.

3. 원어 해석은 최대한 직역으로 하되, 이해를 돕기 위해 의역하기도 했다.

라틴어
필　사
111

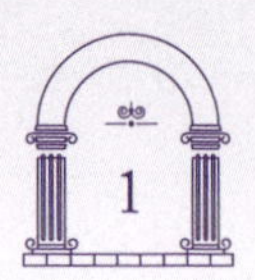

시작이 반이다.

Dimidium facti, qui coepit, habet.

디미디움 팍티, 쿠이 코에핏, 하벳

호라티우스Horatius의 『서간시Epistulae』 1권 2편에 나오는 구절.

Qui studet optatam cursu contingere metam,
multa tulit fecitque puer, sudavit et alsit,
abstinuit Venere et vino.
Qui Pythagorae vitam par sapiensque sibi proponit.
Dimidium facti, qui coepit, habet;
sapere aude, incipe.

목표하는 결승선에 도달하고자 노력하는 자는,
어릴 적부터 많은 것을 견디고, 땀 흘리고 추위를 참으며,
쾌락과 술을 절제해 왔다.
피타고라스의 삶을 자기 자신에게 본보기로 삼는 지혜로운 사람이다.
시작한 자는 이미 절반을 이룬 것이다.
지혜롭게 될 용기를 가져라, 시작하라!

시작이 반이다.

Dimidium facti, qui coepit, habet.

사람은 서로 공통점 때문에 친하게 되나, 차이점 때문에 성장한다.

Homines propter similitudines amicitias iungunt, sed propter differentias crescunt.

호미네스 프롭테르 시밀리투디네스
아미치시아스 이운군트,
세드 프롭테르 디페렌시아스 크레스쿤트

심리학자 버지니아 사티어Virginia Satir가 사회에 분노한 10대 여학생에게 답변한 내용과 관련.

Homines propter similitudines amicitias iungunt, sed propter differentias crescunt.
Discite ex aliis, etiam si vobis non similes sunt.
Respicite mundum latum et crescite sapientia atque humanitate.

사람은 서로 공통점 때문에 친하게 되나, 차이점 때문에 성장한다.
너희와 다르더라도 타인에게서 배워라.
넓은 세상을 바라보며, 지혜와 인간미 속에서 성장해라.

사람은 서로 공통점 때문에 친하게 되나,
차이점 때문에 성장한다.

**Homines propter similitudines
amicitias iungunt,
sed propter differentias crescunt.**

선

그러므로 우리는 기회 있는 대로
모든 이에게 착한 일을 하되
더욱 믿음의 가정들에게 할지니라.

**Ergo dum tempus habemus,
operemur bonum ad omnes,
maxime autem ad domesticos fidei.**

에르고 둠 템푸스 하베무스,
오페레무르 보눔 아드 옴네스,
막시메 아우템 아드 도메스티코스 피데이

갈라디아서 6장 9절-11절 『Vulgata 성경』

09: Bonum autem facientes, non deficiamus; tempore
enim suo metemus, non deficientes.

10: Ergo dum tempus habemus, operemur bonum ad
omnes, maxime autem ad domesticos fidei.

11: Videte qualibus litteris scripsi vobis mea manu.

09: 우리가 선을 행하되 낙심하지 말지니 포기하지 아니하면 때가 이르러 거두리라.

10: 그러므로 우리는 기회 있는 대로 모든 이에게 착한 일을 하되 더욱 믿음의 가정들에게
할지니라.

11: 내 손으로 너희에게 이렇게 큰 글자로 쓴 것을 보라.

그러므로 우리는 기회 있는 대로
모든 이에게 착한 일을 하되
더욱 믿음의 가정들에게 할지니라.

**Ergo dum tempus habemus,
operemur bonum ad omnes,
maxime autem ad domesticos fidei.**

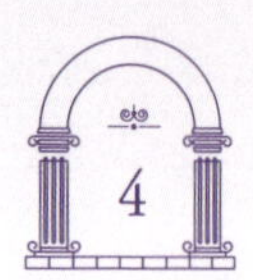

습
관

바다를 건넌 자들은 하늘이 바꿀지언정
마음은 바꾸지 못한다.

Caelum, non animum mutant, qui trans mare currunt.

카엘룸, 논 아니뭄 무탄트,
쿠이 트란스 마레 쿠룬트

호라티우스Horatius의 작품인 『서간집Epistulae』 제1권 제11편 27행에 등장하는 문구.

Scis Lebedus, quid sit;
Gabiis desertior atque Fidenis vicus;
tamen illic vivere vellem,
oblitusque meorum obliviscendus et illis
Neptunum procul e terra spectare furentem.
Caelum, non animum mutant, qui trans mare currunt.

당신은 레베두스가 어떤 곳인지 알고 있습니다.
가비이와 피데나이보다 더 황폐한 마을입니다.
그럼에도 불구하고 저는 그곳에서 살고 싶습니다.
제 사람들을 잊고 그들에게 잊혀진 채로
멀리서 땅으로부터 분노하는 넵투누스를 바라보며,
바다를 건너는 자들은 하늘이 바꾸지만,
마음은 바꾸지 않습니다.

바다를 건넌 자들은 하늘이 바뀔지언정
마음은 바꾸지 못한다.
Caelum, non animum mutant,
qui trans mare currunt.

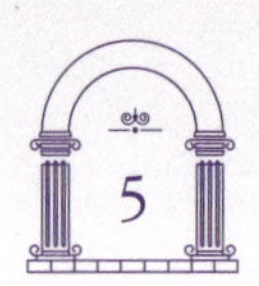

저녁 식사 후에는 서 있거나 천 보를 걸어라.

Post cenam stabis aut passus mille meabis.

포스트 체남 스타비스 아우트 파수스 밀레 메아비스

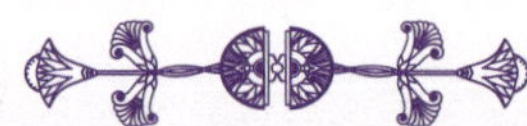

고대 로마 시대부터 전해져 내려오는 생활의 지혜 어구.

Post cenam stabis aut mille passus meabis.
Ne corpus gravetur,
ne somnus tardet,
moveas te lente sub caelo sereno.

저녁 식사 후에는 서 있거나 천 걸음을 걸어라.
몸이 무거워지지 않도록 잠이 늦어지지 않도록,
맑은 하늘 아래 천천히 몸을 움직여라.

저녁 식사 후에는 서 있거나 천 보를 걸어라.

Post cenam stabis aut passus mille meabis.

인간의 인식은 감각에 따라 다양해질 수 있다.

Cognitio humana secundum sensum aliquo modo diversificatur.

코그니시오 후마나 세쿤둠 센숨
알리쿠오 모도 디웨르시피카투르

스콜라 철학자 토마스 아퀴나스Thomas Aquinas의 글에서 유래한 격언과 관련된 내용.

Cognitio humana secundum sensum aliquo modo diversificatur.

Nam per sensus exteriora percipimus, sed mens ea in conceptus abstrahit.

Scientia non solum in experientia consistit, sed etiam in ratione quae ex illis discit.

Ita veritas paulatim revelatur, dum intellectus sensibus utitur ad cognitionem perficiendam.

인간의 인식은 감각에 따라 어떤 방식으로 다양화된다.
우리는 외부 사물을 감각을 통해 인식하지만
정신은 그것을 개념으로 추상화한다.
지식은 단순히 경험에만 의존하는 것이 아니라
그로부터 배우는 이성에도 기초한다.
이처럼 진리는 서서히 드러나며, 지성은 감각을 활용하여 인식을 완성해 나간다.

인간의 인식은 감각에 따라 다양해질 수 있다.

Cognitio humana secundum sensum aliquo modo diversificatur.

7

삶 | 내 발이 평탄한 데에 섰사오니
무리 가운데에서 여호와를 송축하리이다.

Pes meus stetit in directo:
in ecclesiis benedicam te, Domine.

페스 메우스 스레팃 인 디렉토:
인 엑클레시이스 베네디캄 테, 도미네

시편 26편 9 - 12절 『Vulgata 성경』

Ne perdas cum impiis animam meam, et cum viris
sanguinum vitam meam.
In quorum manibus iniquitates sunt: dextera eorum
repleta est muneribus
Ego autem in innocentia mea ingressus sum: redime me,
et miserere mei.
Pes meus stetit in directo: in ecclesiis benedicam te,
Domine.

내 영혼을 죄인들과 함께 거두지 마시며
내 생명을 살인자들과 함께 거두지 마소서.
그들의 손에 악행이 있고 그들의 오른손에 뇌물이 가득하오니.
나는 나의 완전함에 행하오리니 나를 속량하시고 내게 은혜를 베푸소서.
내 발이 평탄한 데에 섰사오니 무리 가운데에서 여호와를 송축하리오다.

내 발이 평탄한 데에 섰사오니
무리 가운데에서 여호와를 송축하리이다.

**Pes meus stetit in directo:
in ecclesiis benedicam te, Domine.**

잘
못

사람들의 말은 성품을 감추기도 하고
동시에 드러내기도 한다.

Sermo hominum mores et celat et indicat idem.

세르모 호미눔 모레스 엣 첼랏 엣 인디캇 이뎀

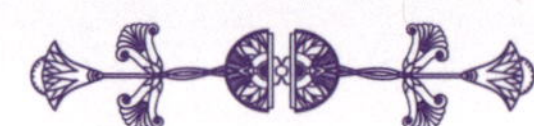

고대 로마의 작가 디오니시우스 카투스Dionysius Cato의 작품, 『디스티카Disticha』 4권 20번째 구절에 등장하는 문구.

**Cum tenuis vita sit hominum, cavisse memento
ne cuius mortis spes tibi lucrum faciat.
Prospicito tecum tacitus quid quisque loquatur:
Sermo hominum mores et celat et indicat idem.**

인간의 삶이 덧없음을 기억하고,
다른 이의 죽음에서 이익을 얻으려는 희망을 품지 마라.
누가 무슨 말을 하는지 조용히 숙고하라:
사람의 말은 그들의 품성을 감추기도 하고 드러내기도 한다.

사람들의 말은 성품을 감추기도 하고
동시에 드러내기도 한다.

Sermo hominum mores et celat et indicat idem.

겸손

모든 예술, 학문, 지식
그리고 덕목에서 최고의 것은 언제나 가장 드물다.

In omni enim arte vel studio vel quavis scientia vel in ipsa virtute optimum quidque rarissimum est.

인 옴니 에님 아르테 웰 스투디오 웰 쿠아위스 스치엔시아 웰 인 입사 위르투테 옵티뭄 쿠이드쿠에 라리시뭄 에스트

로마의 철학자 키케로Marcus Tullius Cicero의 『선과 악의 궁극에 관하여De Finibus Bonorum et Malorum』 제2권 25장에 등장하는 문구.

In omni enim arte vel studio vel quavis scientia, vel in ipsa virtute, optimum quidque rarissimum est.
Ac mihi quidem, quod et ipse bonus vir fuit et multi Epicurei et fuerunt et hodie sunt et in amicitiis fideles et in omni vita constantes et graves nec voluptate sed officio consilia moderantes, hoc videtur maior vis honestatis et minor voluptatis.

모든 예술이나 학문, 어떤 지식 그리고 덕 그 자체에서 최고의 것은 가장 드물다.
그리고 나에게 그 자신이 선한 사람이었고,
많은 에피쿠로스주의자*들이 과거에도 오늘날에도 우정에 충실하고,
모든 삶에서 일관되고 진중하다.
쾌락이 아닌 의무에 따라 행동을 조절하는 것을 보면,
이는 명예의 힘이 더 크고 쾌락의 힘이 더 작다.

* 헬레니즘 시대의 철학자, 에피쿠로스 학파의 창시자. 쾌락주의 철학을 펼쳤다.

모든 예술, 학문, 지식
그리고 덕목에서 최고의 것은 언제나 가장 드물다.

In omni enim arte vel studio vel quavis scientia vel in ipsa virtute optimum quidque rarissimum est.

승
리

빛이 어둠 속에서 빛나니,
어둠이 그것을 깨닫지 못하더라.

**Et lux in tenebris lucet,
et tenebrae eam non
comprehenderunt.**

엣 룩스 인 테네브리스 루쳇, 엣 테네브라에 에암 논 콤프레헨데룬트

요한복음 1장 3절 - 6절 『Vulgata 성경』

**Omnia per ipsum facta sunt, et sine ipso factum est nihil,
quod factum est.
In ipso vita erat, et vita erat lux hominum.
Et lux in tenebris lucet, et tenebrae eam non
comprehenderunt.
Fuit homo missus a Deo, cui nomen erat Ioannes.**

만물이 그로 말미암아 지은 바 되었으니
지은 것이 하나도 그가 없이는 된 것이 없느니라.
그 안에 생명이 있었으니 이 생명은 사람들의 빛이라.
빛이 어둠에 비치되 어둠이 깨닫지 못하더라.
하나님께로부터 보내심을 받은 사람이 있으니 그의 이름은 요한이라.

빛이 어둠 속에서 빛나니,
어둠이 그것을 깨닫지 못하더라.
Et lux in tenebris lucet,
et tenebrae eam non comprehenderunt.

개가 짖어도 마차는 간다.

Generosus equus non curat canem latrantem.

제네로수스 에쿠우스 논 쿠랏 카넴 라트란템

고대 로마 시대의 속담. '품위 있는 사람은 하찮은 비난이나 방해에 흔들리지 않는다'는 의미 관련 어구.

Generosus equus non curat canem latrantem.
Sic sapiens vir non perturbatur verbis invidorum, sed iter suum firmiter peragit.
Nam lux vera in tenebris fulget et tenebrae eam non comprehendunt.

고귀한 말은 짖는 개를 신경 쓰지 않는다.
지혜로운 사람, 시기하는 자들의 말에
흔들리지 않고 자신의 길을 굳건히 간다.
진정한 빛은 어둠 속에서 빛나며
어둠은 그것을 이해하지 못한다.

개가 짖어도 마차는 간다.

Generosus equus non curat canem latrantem.

스스로를 괴롭히지 않으면, 어떤 것도 큰 불행이 아니다.

Nullum magnum malum est nisi quod te ipsum inquietat.

눌룸 마그눔 말룸 에스트 니시 쿠오드 레 입숨 인쿠이에탓

로마시대 철학자, 세네카Lucius Annaeus Seneca의 24번째 서한, 『행복한 삶 대하여De Vita Beata』 에 등장한 글.

Quid est ergo quare nos torqueamus, quid est quare lacrimemus, quid est quare precemur? Nullum malum est nisi quod nos afficit.

Nullum magnum malum est nisi quod te ipsum inquietat. Non est itaque quod timeas, si tutus es a te ipso; non est quod expectes, si omnia tua in te posita sunt.

그러므로 우리가 왜 괴로워하고,

왜 눈물을 흘리며, 왜 기도해야 합니까?

우리에게 영향을 미치는 것 외에는 어떤 악도 없습니다.

자신을 괴롭히지 않는 한 큰 악은 없습니다.

그러므로 자신으로부터 안전하다면 두려워할 것이 없으며,

모든 것이 당신 안에 있다면 기대할 것도 없습니다.

스스로를 괴롭히지 않으면, 어떤 것도 큰 불행이 아니다.

Nullum magnum malum est nisi quod te ipsum inquietat.

극
복

나쁜 매듭에는 나쁜 쐐기가 찾아져야 한다.

Malo nodo, malus quaerendus cuneus.

말로 노도, 말루스 쿠아에렌두스 쿠네우스

로마 극작가, 플라우투스Titus Maccius Plautus의 희극 작품, 『페르시아인Persa』에 나온 어구 관련.

Malo nodo, malus quaerendus cuneus.
Non enim sufficit nodum spectare; solvatur audacter.
Nam si remoraris aut fugis, nexus fit durior.
Quanto maior difficultas, tanto fortius oppugnandum est
et solutio prudenter quaerenda.

나쁜 매듭에는 나쁜 쐐기가 필요하다.
단지 매듭을 바라보는 것만으로는
충분하지 않으니 과감하게 풀어야 한다.
미루거나 회피하면 매듭은 더욱 단단해질 뿐이다.
어려움이 클수록 더욱 강하게 맞서고,
현명한 해결책을 찾아야 한다.

나쁜 매듭에는 나쁜 쐐기가 찾아져야 한다.
Malo nodo, malus quaerendus cuneus.

역경

넘어지는 자는 일어나지 않겠는가?
돌아선 자는 되돌아오지 않겠는가?

Numquid qui cadit, non resurget? et qui aversus est, non revertetur?

눔쿠이드 쿠이 카딧, 논 레수르젯? 엣 쿠이 아웨르수스 에스트, 논 레웨르테투르?

예레미야서 8장 3절 - 5절 『Vulgata 성경』

Et eligent magis mortem quam vitam omnes, qui residui fuerint de cognatione hac pessima in universis locis, ad quae eieci eos, dicit Dominus exercituum.
Et dices ad eos: Haec dicit Dominus: Numquid qui cadit, non resurget? et qui aversus est, non revertetur? Quare ergo aversus est populus iste in Ierusalem aversione perpetua? Apprehenderunt mendacium, et noluerunt reverti.

그리고 이 악한 족속 중에서 남아 있는 모든 자들은
내가 그들을 쫓아낸 모든 곳에서 생명보다 죽음을 더 선택할 것이다.
만군의 주님께서 말씀하신다.
너는 그들에게 이렇게 말하여라. 주님께서 이렇게 말씀하신다.
넘어진 자는 다시 일어나지 않겠느냐? 돌아선 자는 다시 돌아오지 않겠느냐?
그런데 왜 이 백성, 예루살렘은 영원히 등을 돌리고 있는가?
그들은 거짓을 붙잡고 돌아오기를 거부하는구나.

넘어지는 자는 일어나지 않겠는가?
돌아선 자는 되돌아오지 않겠는가?

**Numquid qui cadit, non resurget?
et qui aversus est, non revertetur?**

신뢰

많은 약속은 신뢰를 떨어뜨리며,
이는 자신의 상품을 과도하게 칭찬하여 팔고자 하는
사람이 그렇다.

Multa fidem promissa levant, ubi plenius aequo laudat venales qui vult extrudere merces.

물타 피뎀 프로미사 레완트 우비 플레니우스 아에쿠오 라우닷 웨날레스 쿠이 우울트
엑스트루데레 메르체스

로마 시인 호라티우스Quintus Horatius Flaccus의 『서간집Epistulae』 제 1권 16서간에 등장한 어구.

Quid verum atque decens curo et rogo, et omnis in hoc
sum: Condo et compono quae mox depromere possim.
Multa fidem promissa levant, ubi plenius aequo laudat
venales qui vult extrudere merces.
Scribe tui gregis hunc, et fortem crede bonumque.

무엇이 진실되고 합당한지 고민하고 묻는다.
저는 온전히 여기에 집중하여
곧 꺼내 쓸 수 있도록 그것들을 정리하고 준비한다.
팔고자 하는 상품을 과도하게 칭찬하는 곳은
많은 약속이 신뢰를 떨어뜨린다.
그를 당신의 무리에 기록하고
그가 강하고 선하다고 믿어라.

많은 약속은 신뢰를 떨어뜨리며,
이는 자신의 상품을 과도하게 칭찬하여 팔고자 하는 사람이
그렇다.

**Multa fidem promissa levant,
ubi plenius aequo laudat venales qui vult
extrudere merces.**

진
실

진실의 말은 단순하다.
그러므로 그것을 복잡하게 만들 필요가 없다;
위대한 일을 시도하는 정신에는
이러한 교활함이 전혀 어울리지 않는다.

**Veritatis simplex oratio est.
Ideoque illam implicari non oportet;
nec enim quicquam minus convenit
quam subdola ista calliditas animis
magna conantibus.**

웨리타티스 심플렉스 오라시오 에스트.
이데오쿠에 일람 임플리카리 논 오포르텟;
넥 에님 쿠익쿠암 미누스 콘웨닛
쿠암 숩돌라 이스타 칼리디타스 아니미스
마그나 코난티부스

로마의 철학자 세네카Lucius Annaeus Seneca의 『도덕 서한집Epistulae Morales』에 등장한 어구.

**Epistulam tuam accepi post multos menses quam
miseras. Supervacuum itaque putavi ab eo, qui adferebat,
quid ageres quaerere.
Veritatis simplex oratio est. Ideoque illam implicari
non oportet; nec enim quicquam minus convenit quam
subdola ista calliditas animis magna conantibus.**

당신이 보낸 편지를 여러 달이 지나서야 받았습니다.
그래서 그것을 가져온 사람에게
당신이 무엇을 하고 있는지 묻는 것은 불필요하다고 생각했습니다.
진리의 말은 단순합니다.
그러므로 그것을 복잡하게 할 필요가 없습니다;
위대한 일을 시도하는 영혼에게
교활한 간사함만큼 어울리지 않는 것은 없습니다.

진실의 말은 단순하다.
그러므로 그것을 복잡하게 만들 필요가 없다;
위대한 일을 시도하는 정신에는
이러한 교활함이 전혀 어울리지 않는다.

Veritatis simplex oratio est.
Ideoque illam implicari non oportet;
nec enim quicquam minus convenit quam
subdola ista calliditas animis magna
conantibus.

운명

독자의 이해 능력에 따라
책들은 자신의 운명도 결정된다.

Pro captu lectoris habent sua fata libelli.

프로 캅투 렉토리스 하벤트 수아 파타 리벨리

로마 문법학자 테렌티아누스 마우루스Terentianus Maurus의 『문자, 음절, 운율에 대한 논의De litteris, De syllabis, De metris』에서 De metris의 1286 - 1290행에에 등장한 어구.

Deses et impatiens nimis haec obscura putabit:
pro captu lectoris habent sua fata libelli.
sed me iudicii non paenitet: haec bene vobis
commisi, quibus est amor et prudentia iuxta,
et labor in studiis semper celebratus inhaeret.

게으르고 성급한 자는 이것을 너무 어렵다고 생각할 것이다.
책은 독자의 이해력에 따라 그 운명을 가진다.
그러나 나는 나의 판단을 후회하지 않는다.
나는 이것을 사랑과 지혜를 겸비한 너희에게 잘 맡겼으며,
늘 학문을 통해 빛나는 노력이 너희 안에 자리하고 있다.

독자의 이해 능력에 따라 책들은 자신의 운명도 결정된다.
Pro captu lectoris habent sua fata libelli.

때때로 치료가 위험한 것들 보다 더 고통스럽다.

Saepius graviora quaedam sunt periculis remedia.

사에피우스 그라위오라 쿠아에담 순트 페리쿨리스 레메디아

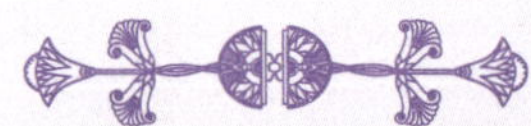

로마 극작가 푸블릴리우스 시루스Publilius Syrus의 『격언 모음집Sententiae』 수록 내용 관련.

Saepius graviora quaedam sunt periculis remedia.
Ideo, antequam remedium adhibeas, diligenter considera
utrum malum ipso medicamine peior fiat.
Nam curationis causa, corpus sauciare nemo sapiens
velit.

어떤 치료법은 그 위험보다 고통스러운 경우가 종종 있다.

그러므로 치료법을 적용하기 전에

그것이 오히려 해를 더 키우지 않는지 신중히 고려해야 한다.

왜냐하면 현명한 자는 치료를 위해 자신의 몸을 해치려 하지 않기 때문이다.

때때로 치료가 위험한 것들 보다 더 고통스럽다.

Saepius graviora quaedam sunt periculis remedia.

19

이해

> 그러므로 나의 교훈을 이해할 수 있도록 읽어라;
> 읽고 이해하지 않는 것은 곧 무시하는 것이다.

Igitur praecepta mea ita legito, ut intellegas;
legere enim et non intellegere neglegere est.

이지투르 프라에쳅타 메아 이타 레지토, 웃 인텔레가스;
레제레 에님 엣 논 인텔레제레 네글레제레 에스트

로마 정치가이자 철학자인 마르쿠스 포르키우스 카토Marcus Porcius Cato의 격언 모음집 『카토의 격언 Disticha Catonis』의 서문 내용.

Cum animadverterem quam plurimos graviter in via morum errare, succurrendum opinioni eorum et consulendum famae existimavi, maxime ut gloriose viverent et honorem contingerent.
Igitur praecepta mea ita legito, ut intellegas; legere enim et non intellegere neglegere est.
Deo supplica. Parentes ama. Cognatos cole. Datum serva.

내가 많은 사람들이 도덕의 길에서 심각하게 잘못된 길을 가고 있음을 깨닫고,
그들의 명성과 평판으로 영광스럽게 살고 명예를 얻을 수 있도록 도와야 한다고 생각했다.
그러므로 나의 교훈을 이해할 수 있도록 읽어라;
읽고 이해하지 못하는 것은 곧 무시하는 것이다.
신에게 기도하라. 부모를 사랑하라. 친족을 존중하라. 받은 것을 지켜라.

그러므로 나의 교훈을 이해할 수 있도록 읽어라;
읽고 이해하지 않는 것은 곧 무시하는 것이다.

Igitur praecepta mea ita legito, ut
intellegas;
legere enim et non intellegere neglegere est.

20

협력

어쩌면 누군가는 이것들을 사소하다고 부를지 모르나,
개별적으로는 도움이 되지 않는 것들이 함께하면 도움이 된다.

Forsitan haec aliquis nam sunt quoque parva vocabit, sed, quae non prosunt singula, multa iuvant.

포르시탄 하엑 알리쿠이스 남 순트 쿠오쿠에 파르와 우오카빗, 세드, 쿠아에 논 프로순트 신굴라, 물타 이우완트

로마의 시인 오비디우스Publius Ovidius Naso의 『사랑의 치료법Remedia Amoris』에 등장하는 문구.

Tunc animo signa, quaecumque in corpore menda sunt, luminaque in vitiis illius usque tene.
Forsitan haec aliquis nam sunt quoque parva vocabit, sed, quae non prosunt singula, multa iuvant.
Parva necat morsu spatiosum vipera taurum: a cane non magno saepe tenetur aper.

그때 그녀의 몸에 있는 모든 결점을 마음속에 새기고,
그녀의 단점에 시선을 고정하라.
어떤 이들은 이것들을 사소하다고 말할지 모르지만,
하나하나가 도움이 되지 않더라도 모두 함께하면 큰 도움이 된다.
작은 독사는 한 입 물어 넓은 황소를 죽이고,
작은 개가 종종 멧돼지를 잡는다.

어쩌면 누군가는 이것들을 사소하다고 부를지 모르나,
개별적으로는 도움이 되지 않는 것들이 함께하면 도움이 된다.

Forsitan haec aliquis nam sunt quoque parva vocabit, sed, quae non prosunt singula, multa iuvant.

21

회의

별은 거짓말을 하지 않지만, 점성가는 거짓말을 한다.

Astra non mentiuntur, sed astrologi bene mentiuntur de astris.

아스트라 논 멘시운투르, 세드 아스트롤로지 베네 멘시운투르 데 아스트리스

이탈리아의 시인 페트라르카Petrarca의 점성술에 대한 회의적 시각과 관련.

Astra non mentiuntur, sed astrologi bene mentiuntur de astris.
Veritas in caelis scripta est, sed homines eam saepe secundum voluntatem suam interpretantur.
Sapientia non in vana divinatione, sed in rationali contemplatione rerum invenitur.

별들은 거짓말하지 않지만,
점성가들은 별에 대해 잘 거짓말한다.
진리는 하늘에 기록되어 있지만,
사람들은 그것을 종종 자신의 뜻대로 해석한다.
지혜는 헛된 점술이 아니라
사물을 이성적으로 성찰하는 데에서 찾아진다.

별은 거짓말을 하지 않지만, 점성가는 거짓말을 한다.

Astra non mentiuntur, sed astrologi bene mentiuntur de astris.

22

존중

거절할 것을 요구하지 말라.
요청할 것을 거절하지 말라.

Nihil petas, quod negaturus es.
Nihil negabis, quod petiturus es.

니힐 페타스, 쿠오드 네가투루스 에스. 니힐 네가비스, 쿠오드 페티투루스 에스

로마의 작가 푸블릴리우스 시루스Publilius Syrus의 『격언집Sententiae』에 수록되어 있고, 글은 실존인물이 아닌 작가의 『디스티카 카토니스Disticha Catonis』 제4권 37번째 구절에 등장.

Cum tibi des aliquid, de te largire benignus:
Nam lucrum largo munere certe venit.
Nihil petas, quod negaturus es. Nihil negabis, quod
petiturus es.
Cum tibi promittas, timeas ne deteriora
Spondendo facias, quam prius erant, mala.

네 자신에게 무언가를 줄 때, 너그럽게 베풀어라:
분명히 너그러움으로 이익이 온다.
네가 거절할 것을 요구하지 말고, 네가 요구할 것을 거절하지 마라.
네가 스스로에게 약속할 때,
약속함으로써 이전보다 더 나쁜 상황을 만들지 않도록 두려워하라.

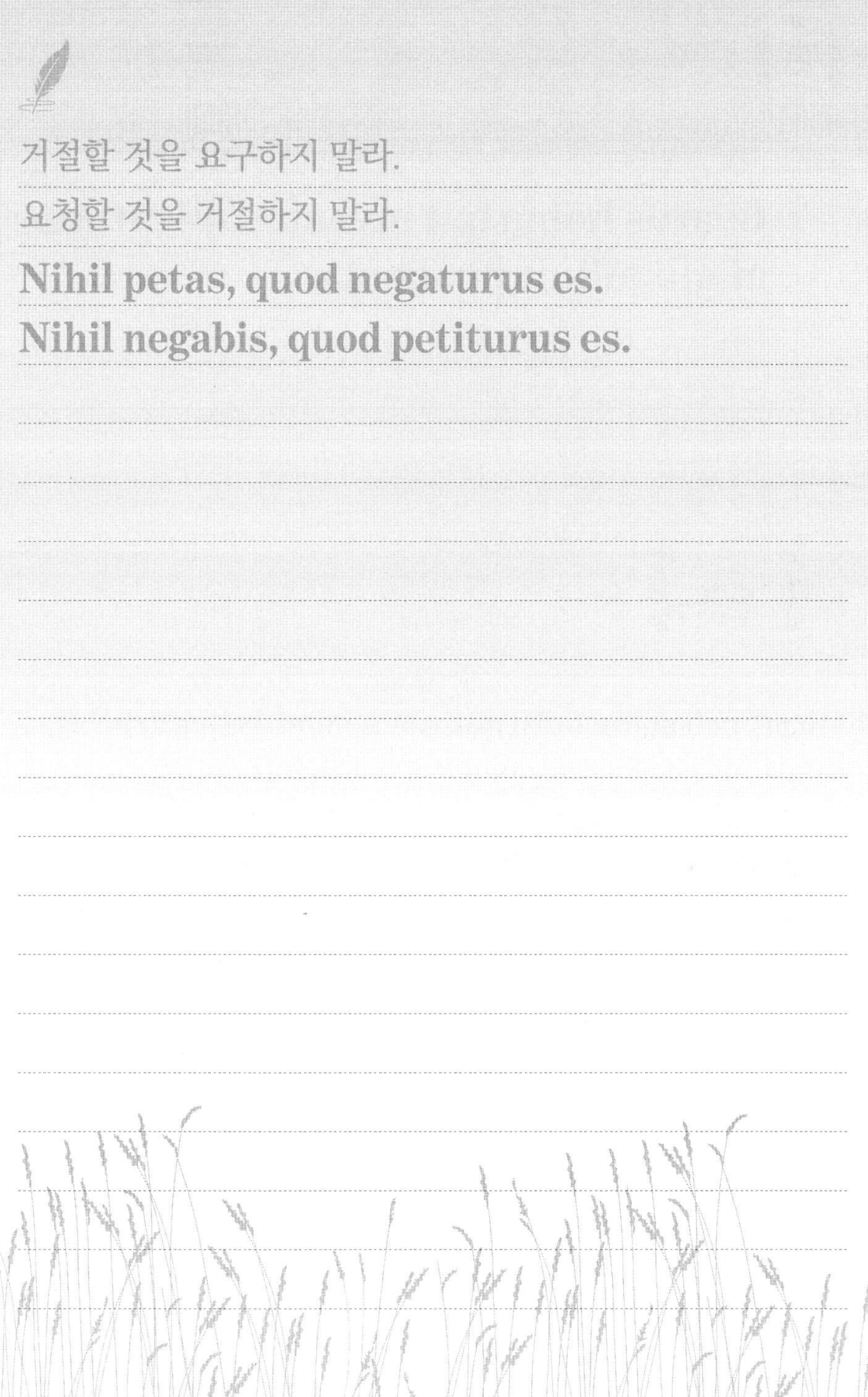

거절할 것을 요구하지 말라.
요청할 것을 거절하지 말라.

Nihil petas, quod negaturus es.
Nihil negabis, quod petiturus es.

지혜를 얻는 사람과 슬기를 얻는 사람은 행복하다.

Beatus homo qui invenit sapientiam, et qui affluit prudentia.

베아투스 호모 쿠이 인웨닛 사피엔시암 엣 쿠이 아플루잇 프루덴시아

잠언서 3장 11-15절 『Vulgata 성경』

Fili mi, noli abicere disciplinam Domini: neque deficias, cum ab eo corriperis: quem enim diligit Dominus, corripit: et quasi pater in filio complacet sibi.

Beatus homo qui invenit sapientiam, et qui affluit prudentia.

Melior est acquisitio eius negotiatione argenti, et auro primo et purissimo fructus eius. Pretiosior est cunctis opibus, et omnia quae desiderantur huic non valent comparari.

내 아들아, 주님의 훈계를 거부하지 말고, 그분께 책망을 받을 때 낙담하지 마라.

주님께서는 사랑하시는 자를 책망하시며, 아버지가 아들을 기뻐하듯 하신다.

지혜를 발견하고 명철을 얻는 자는 복이 있나니.

지혜를 얻는 것은 은을 거래하는 것보다 더 낫고 그 이익은 순금보다 더 귀하다.

지혜는 모든 보석보다 더 귀하며, 네가 원하는 모든 것과 비교할 수 없다.

지혜를 얻는 사람과 슬기를 얻는 사람은 행복하다.
Beatus homo qui invenit sapientiam,
et qui affluit prudentia.

'민중의 목소리가 신의 목소리이다'라는 말을
믿어서는 안 된다.

Nec audiendi qui solent dicere, Vox populi, vox Dei.

넥 아우디엔디 쿠이 솔렌트 디체레, 우옥스 포폴리, 우옥스 데이

8세기 신학자 알퀸Alcuinus Flaccus Albinus이 카롤루스 대제Carolus Magnus에게 쓴 편지 내용.

**Populus iuxta sanctiones divinas ducendus est, non
sequendus.
Nec audiendi qui solent dicere, Vox populi, vox Dei.
Cum tumultuositas vulgi semper insaniae proxima sit.**

사람들은 신성한 규율에 따라 이끌어져야 하며 따르는 것이 아니다.
사람들은 흔히 '민중의 목소리가 신의 목소리'라고 말하지만
그들을 들어서는 안 된다.
대중의 소란스러움은 항상 광기에 가깝다.

'민중의 목소리가 신의 목소리이다'라는 말을
믿어서는 안 된다.

Nec audiendi qui solent dicere, Vox populi, vox Dei.

25

성
장

인간의 마음은 배움과 생각함으로써 양식을 쌓게 된다.

Hominis mens discendo alitur et cogitando.

호미니스 멘스 디스첸도 알리투르 엣 코지탄도

로마 철학자이자 웅변가인 키케로Marcus Tullius Cicero의 『의무론De Officiis』 1권에 등장하는 문구.

Ut enim hominis decus ingenium, sic ingenii ipsius lumen est eloquentia; qua qui splendide utuntur, ii lumina tenebrarum, ut ait Ennius, sunt.
Hominis mens discendo alitur et cogitando.
Ut enim hominis decus ingenium, sic ingenii ipsius lumen est eloquentia; qua qui splendide utuntur, ii lumina tenebrarum, ut ait Ennius, sunt.

인간의 영예가 재능이라면 그 재능의 빛은 웅변이다;
이를 훌륭하게 사용하는 이들은 엔니우스가 말했듯이 어둠 속의 빛이다.
인간의 마음은 배움과 생각함으로써 양식을 쌓게 된다.
다른 모든 것들의 학문은 가르침과 교훈 그리고 기술로 이루어질 수 있지만,
시는 타고나는 것이지 만들어지는 것이 아니다.

인간의 마음은 배움과 생각함으로써
양식을 쌓게 된다.
Hominis mens discendo alitur et cogitando.

26

불
가
역

그 일은 이미 일어났으니, 되돌릴 수 없다.

Factum est illud;
fieri infectum non potest.

파툼 에스트 일룻; 피에리 인펙툼 논 포테스트

로마 극작가 플라우투스Titus Maccius Plautus의 희극 『항아리|Aulularia』 4막 10장 내용.

Quid vis fieri?
Factum est illud: fieri infectum non potest.
Factum est illud; fieri infectum non potest.

무엇을 원하십니까?
그것은 이미 일어났습니다. 되돌릴 수 없습니다.
그것은 이미 일어났으니, 되돌릴 수 없다.

그 일은 이미 일어났으니, 되돌릴 수 없다.

Factum est illud;
fieri infectum non potest.

27

탐욕

다른 누군가의 손해가 없이는 이익이 발생하지 않는다.

Lucurum sine damno alterius fieri non potest.

루쿠룸 시네 담노 알테리우스 피에리 논 포레스트

로마 작가 푸블릴리우스 시루스Publilius Syrus의 『격언집Sententiae』 수록 내용.

Avarus ipse miseriae causa est suae.

Lucrum sine damno alterius fieri non potest.

Beneficium accipere libertatem est vendere.

탐욕스러운 자는 스스로 자신의 불행의 원인이다.

다른 이의 손해 없이 이익을 얻을 수 없다.

은혜를 받는 것은 자유를 파는 것이다.

다른 누군가의 손해가 없이는 이익이 발생하지 않는다.

Lucurum sine damno alterius fieri non potest.

28

주제파악 | # 구두장이여, 신발 이상의 것을 판단하지 말라.

Sutor, ne supra crepidam iudicaret.

수토르, 네 수프라 크레피담 이우디카렛

로마 작가이자 역사가 플리니우스Plinius the Elder의 저서 『자연사Naturalis Historia』에서 언급한 내용.

Apelles picturam suam exposuit et, ut vituperationes hominum audiret, post tabulam latuit.
Olim sutorius quidam defectum in calceo picturae reprehendit, et Apelles eam correctionem accepit atque emendavit.
Sed cum sutor non solum calceum, sed etiam crus reprehendere coepisset, Apelles eum admonuit dicens: Sutor, ne supra crepidam iudicaret.

아펠레스는 자신의 그림을 공개하고,
사람들이 하는 비판을 듣기 위해 그림 뒤에 숨어 있었다.
어느 날, 한 구두 수선공이 그림의 신발 부분에 결함이 있음을 지적하였고,
아펠레스는 그 비판을 받아들여 수정했다.
그러나 구두 수선공이 신발을 넘어 다리 부분까지 비판하기 시작하자,
아펠레스는 그를 향해 '구두 수선공, 신발 이상을 판단하지 말라'고 말했다.

구두장이여, 신발 이상의 것을 판단하지 말라.

Sutor, ne supra crepidam iudicaret.

29

신체 | # 건강한 신체에 건강한 정신이 깃들기를 기도해야 한다.

Orandum est ut sit mens sana in corpore sano.

오란둠 에스트 웃 싯 멘스 사나 인 코르포레 사노

로마의 시인 유베날리스Decimus Junius Juvenalis가 쓴 『풍자시집Saturae』 10권에 등장 어구.

Monstro quod ipse tibi possis dare: semita certe
Tranquillae per virtutem patet unica vitae.
Orandum est ut sit mens sana in corpore sano.
Fortem posce animum mortis terrore carentem,
Qui spatium vitae extremum inter munera ponat
naturae.

내가 너에게 스스로 줄 수 있는 것을 보여주겠다;
덕을 통해 평온한 삶으로 가는 유일한 길이 분명히 열려 있다.
건강한 신체에 건강한 정신이 있기를 기도해야 한다.
죽음의 공포를 모르는 강한 정신을 구하라,
삶의 마지막 순간을 자연의 선물 중 하나로 여기는.

건강한 신체에 건강한 정신이 깃들기를 기도해야 한다.

Orandum est ut sit mens sana in corpore sano.

30

천시 | 모든 것은 때가 있고,
하늘 아래 모든 일에는 시기가 있다.

Omnia tempus habent, et suis spatiis transeunt universa sub caelo.

옴니아 템푸스 하벤트, 엣 수이스 스파티이스 트란세운트 우니웨르사 숩 카엘로

전도서 3장 1-3절 『Vulgata 성경』

Omnia tempus habent, et suis spatiis transeunt universa sub caelo.
Tempus nascendi, et tempus moriendi; tempus plantandi, et tempus evellendi quod plantatum est.
Tempus occidendi, et tempus sanandi; tempus destruendi, et tempus aedificandi.

모든 것은 때가 있고, 하늘 아래 모든 일에는 시기가 있다.
날 때가 있고 죽을 때가 있으며
심을 때가 있고 심은 것을 뽑을 때가 있으며
죽일 때가 있고 치료시킬 때가 있으며
헐 때가 있고 세울 때가 있다.

모든 것은 때가 있고,
하늘 아래 모든 일에는 시기가 있다.

**Omnia tempus habent, et suis spatiis
transeunt universa sub caelo.**

31

응
보

눈에는 눈, 이에는 이, 손에는 손, 발에는 발

Oculum pro oculo, dentem pro dente, manum pro manu, pedem pro pede.

오쿨룸 프로 오쿨로, 덴템 프로 덴테, 마눔 프로 마누, 페뎀 프로 페데

출애굽기 21장 22절~26절 『Vulgata 성경』

Si rixati fuerint viri, et percusserit quis mulierem praegnantem, et abortivum quidem fecerit, sed ipsa vixerit: subjacebit damno, quantum maritus mulieris expetierit, et arbitri judicaverint.
Sin autem mors eius fuerit subsecuta, reddet animam pro anima, **oculum pro oculo, dentem pro dente, manum pro manu, pedem pro pede.** Ustionem pro ustione, vulnus pro vulnere, livorem pro livore. Si percusserit quispiam oculum servi sui aut ancillae, et luscos eos fecerit: dimittet eos liberos pro oculo quem eruit.

만일 사람들이 싸우다가 임신한 여인을 쳐서 유산하게 했으나 그 여인이 죽지 않았으면,
남편이 요구하는 바와 재판관들이 판결하는 대로 벌금을 내야 한다.
그러나 만일 그 여인이 죽으면, 생명은 생명으로 갚아야 한다.
눈에는 눈, 이에는 이, 손에는 손, 발에는 발
화상에는 화상으로, 상처에는 상처로, 타박상에는 타박상으로 갚아야 한다.
만일 누군가 자기 남종이나 여종의 눈을 쳐서 실명하게 하면,
그 눈 때문에 그들을 자유롭게 놓아주어야 한다.

눈에는 눈, 이에는 이, 손에는 손, 발에는 발

Oculum pro oculo, dentem pro dente, manum pro manu, pedem pro pede.

눈에는 눈, 이에는 이, 손에는 손, 발에는 발

32

운
명

운명은 세상을 지배하고,
만물은 법칙에 따라 존재한다.

Fata regunt orbem, certa stant omnia lege.

파타 레군트 오르벰, 체르타 스탄트 옴니아 레제

로마 시인 마닐리우스Marcus Manilius의 『아스트로노미카Astronomica』에 등장하는 어구.

Fata regunt homines, sed regit astra fatum.
Fata regunt orbem, certa stant omnia lege.
Et tamen est ratio, quae cuncta gubernat.

운명이 인간을 지배하지만 별이 운명을 지배한다.
운명이 세상을 지배하며 만물은 법칙에 따라 존재한다.
그러나 모든 것을 지배하는 이성이 있다.

운명은 세상을 지배하고,
만물은 법칙에 따라 존재한다.

Fata regunt orbem, certa stant omnia lege.

33

변화 | 만약 옷이 내게 어울리지 않는다면,
나는 수선하지 않고 그것을 갈아 입을 것이다.

Si vestis me non decebit, non reparabo, sed eam mutabo.

시 웨스티스 메 논 데체빗, 논 레파라보, 세드 에암 무타보

출처미상

**Si calceus me non condecet, non resarcietur, sed mutabitur.
Si vestis me non decebit, non reparabo, sed eam mutabo.
Sic, si vita mea non placet, non corrigam eam, sed aliam agam.**

신발이 나에게 맞지 않으면 수선하지 않고 바꿀 것이다.
옷이 나에게 어울리지 않으면 수선하지 않고 바꿀 것이다.
이처럼 내 삶이 마음에 들지 않으면
그것을 고치지 않고 다른 삶을 살 것이다.

만약 옷이 내게 어울리지 않는다면,
나는 수선하지 않고 그것을 갈아 입을 것이다.
Si vestis me non decebit, non reparabo, sed eam mutabo.

착한 사람은 분수 속 있는 무지개를 볼 수 있다.

Homo bonus iridem videre potest in fonte.

호모 보누스 이리뎀 위데레 포테스트 인 폰테

출처미상

Homo bonus iridem videre potest in fonte.
Nam ubi alii tantum aquam cernunt, ille pulchritudinem animadvertit.
Quia mens pura et tranquilla in minimis quoque mirabilia invenit.

선한 사람은 분수에서 무지개를 볼 수 있다.
왜냐하면 다른 사람들이 단순히 물만 보더라도,
그는 아름다움을 발견하기 때문이다.
깨끗하고 평온한 마음은 작은 것에서도 경이로움을 찾는다.

착한 사람은 분수 속 있는 무지개를 볼 수 있다.
Homo bonus iridem videre potest in fonte.

축복

그리고 바다에서 바다까지,
강에서 땅 끝까지 다스려 질 것이다.

Et dominabitur a mari usque ad mare, et a flumine usque ad terminos terrae.

엣 도미나비투르 아 마리 우스쿠에 아드 마레, 엣 아 플루미네 우스쿠에 아드
테르미노스 테라에

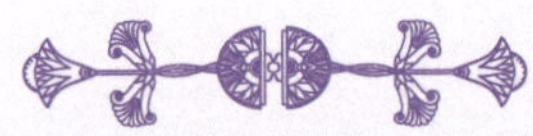

시편 72장 7절~9절 『Vulgata 성경』

In diebus illius orietur iustitia, et abundantia pacis, donec auferatur luna.
Et dominabitur a mari usque ad mare, et a flumine usque ad terminos terrae.
Coram illo procident Aethiopes, et inimici eius terram lingent.

그의 날에 의가 번성하며, 달이 없어질 때까지 평화가 풍성하리라.
그가 바다에서 바다까지, 강에서 땅 끝까지 다스릴 것이다.
그 앞에 사막의 거주민(에티오피아인)들이 절하며,
그의 원수들은 흙을 핥을 것이다.

그리고 바다에서 바다까지,
강에서 땅 끝까지 다스려 질 것이다.

Et dominabitur a mari usque ad mare, et a flumine usque ad terminos terrae.

하나님 앞을 제외하고 어느 누구도
자신을 비난할 의무는 없다.

Accusare nemo se debet nisi coram Deo.

아쿠사레 네모 세 데벳 니시 코람 데오

라틴어 법률 격언 관련.

Accusare nemo se debet nisi coram Deo.
Nam lex ipsa libertatem tuetur et vim coactam recusat.
Veritas non ex metu sed ex conscientia provenire debet.

아무도 신 앞이 아닌 곳에서 스스로를 고발해서는 안 된다.
법 자체가 자유를 보호하며 강요된 증언을 거부한다.
진리는 두려움이 아니라 양심에서 나와야 한다.

하나님 앞을 제외하고 어느 누구도
자신을 비난할 의무는 없다.
Accusare nemo se debet nisi coram Deo.

37

예
속

신세를 지면 자유를 잃는다.

Beneficium accipere est libertatem vendere.

베네피치움 악치페레 에스트 리베르타템 웬데레

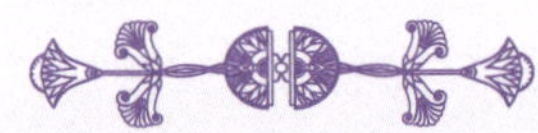

로마 극작가, 푸블릴리우스 시루스Publilius Syrus의 격언집 수록 내용.

Effugere cupiditatem regnum est vincere.
Beneficium accipere libertatem est vendere.
Virtutes discere vitia dediscere est.

욕망을 피하는 것은 왕국을 정복하는 것이다.
호의를 받는 것은 자유를 파는 것이다.
미덕을 배우는 것은 악덕을 잊는 것이다.

신세를 지면 자유를 잃는다.

Beneficium accipere est libertatem vendere.

38

이별

아, 만약 더 이른 운명이
내 영혼의 일부인 너를 앗아간다면,
나머지 반쪽은 왜 머물러야 하겠는가?

Ah, te meae si partem animae rapit maturior vis, quid moror altera?

아, 테 메아에 시 파르템 아니마에 라핏 마투리오르 위스, 쿠이드 모로르 알테라?

로마 시인 호라티우스Quintus Horatius Flaccus의 『송가Odes』 제2권 17번째 시에 등장한 표현.

Ah, te meae si partem animae rapit maturior vis, quid moror altera, nec carus aeque nec superstes integer? ille dies utramque ducit ruinam.

아, 만약 더 이른 운명이 내 영혼의 일부인 당신을 앗아간다면,
나머지 반쪽은 왜 머물러야 하겠는가?
그대없이 나는 사랑스럽지도, 온전하지도 않을 것이다.
그 날은 우리 둘 모두의 몰락을 가져올 것이다.

아, 만약 더 이른 운명이 내 영혼의 일부인 너를 앗아간다면,
나머지 반쪽은 왜 머물러야 하겠는가?

**Ah, te meae si partem animae rapit
maturior vis, quid moror altera?**

39

신중

네가 평화롭게 살기를 원한다면,
듣고, 보고 그리고 입 다물어라.

Audi, vide, tace, si tu vis vivere in pace.

아우디, 위데, 타체, 시 투 위스 위웨레 인 파체

출처미상(중세 도덕 교훈)

Audi, vide, tace, si tu vis vivere in pace.
Nam lingua imprudens saepe parit inimicitias.
Sapientia non in verbis, sed in silentio saepe invenitur.

듣고, 보고, 침묵하라, 평화롭게 살고 싶다면,
경솔한 혀는 종종 적을 만들어낸다.
지혜는 말 속에서가 아니라,
종종 침묵 속에서 발견된다.

네가 평화롭게 살기를 원한다면,
듣고, 보고 그리고 입 다물어라.
Audi, vide, tace, si tu vis vivere in pace.

40

충
족

배가 부르는 동안, 머리도 기꺼이 그로부터 즐겁다.

Dum satur est venter, gaudet caput inde libenter.

둠 사투르 에스트 웬테르, 가우뎃 카풋 인데 리벤테르

출처미상(중세 수도원교육)

Dum satur est venter, gaudet caput inde libenter.
Corpus curatum mentem laetam nutrit.
Nam sine cibo et requie, nec animus nec corpus bene
valet.

배가 부르면 머리도 기쁘다.
몸이 치유되면 마음도 기쁨을 얻는다.
음식과 휴식 없이 정신도 몸도 제대로 건강할 수 없다.

배가 부르는 동안, 머리도 기꺼이 그로부터 즐겁다.

Dum satur est venter, gaudet caput inde libenter.

41

나의 글은 짓궂게 보여도 나의 삶은 올바르다.

Lasciva est novis pagina, vita proba.

라스치와 에스트 노위스 파지나, 위타 프로바

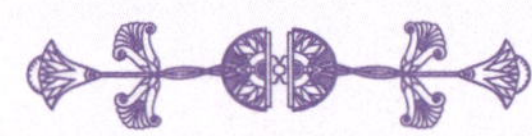

로마시인 마르시알리스Marcus Valerius Martialis의 『서정시집Epigrammata』 제1권 4번째시 등장 어구.

qua Thymelen spectas derisoremque Latinum, illa fronte, precor, carmina nostra legas. Innocuos censura potest permittere lusus: lasciva est nobis pagina, vita proba.

당신이 티멜레(Thymelen)와 라티누스(Latinum)의 익살을 바라보는 그 표정으로,
제 시를 읽어주시기를 바랍니다.
검열관은 무해한 장난을 허용할 수 있습니다:
나의 글은 짓궂게 보여도 나의 삶은 올바릅니다.

나의 글은 짓궂게 보여도 나의 삶은 올바르다.
Lasciva est novis pagina, vita proba.

나의 글은 짓궂게 보여도 나의 삶은 올바르다.

42

성장

누구나 실수할 수 있다. 그러나 실수 속에 머무르는 것은 어리석은 자의 것이다.

Cuius vis hominis est errare, nullius nisi insipientis in errore perseverare.

쿠이우스 위스 호미니스 에스트 에라레, 눌리우스 니시 인시피엔티스 인 에로레 페르세웨라레

로마 웅변가이자 철학가, 키케로Marcus Tullius Cicero의 작품 『필립픽스 연설Philippicae』 등장 어구.

Quid autem non integrum est sapienti quod restitui potest? Cuiusvis hominis est errare, nullius nisi insipientis in errore perseverare. Posteriores enim cogitationes, ut aiunt, sapientiores solent esse.

그러나 현명한 사람에게 회복될 수 있는 것이 무엇이 불완전하겠습니까?
누구나 실수할 수 있다.
그러나 실수 속에 머무르는 것은 어리석은 자의 것이다.
왜냐하면 나중의 생각이 더 현명하다고 말할 테니.

누구나 실수할 수 있다. 그러나 실수 속에 머무르는 것은 어리석은 자의 것이다.

Cuius vis hominis est errare, nullius nisi insipientis in errore perseverare.

너의 집은 너의 영혼보다 크지 않다.
너 자신을 다스리면, 모든 것이 너를 섬길 것이다.

Non est maior domus tua quam animus tuus: impera illi, et serviet tibi.

논 에스트 마이오르 도무스 투아 쿠암 아니무스 투우스: 임페라 일리, 엣 세르위엣 티비

로마 철학자, 세네카Lucius Annaeus Seneca의 격언집에 수록 관련.

Non est maior domus tua quam animus tuus: impera illi, et serviet tibi.
Si mentem tuam regere potes, nihil tibi imperare potest.
Nam vera libertas in dominio sui ipsius consistit.

당신의 집은 당신의 정신보다 크지 않다: 너 자신을 다스리면, 모든 것이 너를 섬길 것이다.
만약 당신이 자신의 마음을 다스릴 수 있다면,
그 누구도 당신을 지배할 수 없다.
왜냐하면 진정한 자유는 자기 자신을 다스리는 데에 있기 때문이다.

너의 집은 너의 영혼보다 크지 않다.
너 자신을 다스리면, 모든 것이 너를 섬길 것이다.

Non est maior domus tua quam animus tuus: impera illi, et serviet tibi.

44

진
리 │ 진리는 감춰져 있지만, 진리보다 아름다운 것은 없다.

Latet enim veritas, sed nihil pretiosius veritate.

라텟 에님 웨리타스, 세드 니힐 프레시오시우스 웨리타레

스페인 인문주의자이자 언어학자, 프란시스코 산체스 데 라스 브로사스Francisco Sánchez de las Brozas의 저서 『미네르바Minerva』 제1권 1장 40절 내용.

Quae Plato eruit in lucem, multa postea invenit Aristoteles; multa ignoravit; multa nunc sunt quae sunt obvia; latet enim veritas: sed nihil pretiosius veritate. Sed dices, qui potest fieri, ut vera sit nominis etymologia, si una eademque res variis nominibus per orbem terrarum appelletur?

플라톤이 세상에 드러낸 것들이 있고,
그 후 아리스토텔레스가 많은 것을 발견했다.
그러나 그는 또한 많은 것을 알지 못했으며,
그것들 중 일부는 지금 어디에서나 쉽게 발견된다.
진리는 감춰져 있지만, 진리보다 더 귀중한 것은 없다.
그러나 네가 말하기를,
"만약 한 가지 동일한 사물이 세계 여러 지역에서 다양한 이름으로 불린다면,
어떻게 이름의 어원학이 참될 수 있겠는가?"라고 할 것이다.

진리는 감춰져 있지만, 진리보다 아름다운 것은 없다.

Latet enim veritas, sed nihil pretiosius veritate.

45

중용

너는 가운데 길에서 가장 안전하게 걸어 갈 것이다.

In medio tutissimus ibis.

인 메디오 투티시무스 이비스

로마 시인 오비디우스Publius Ovidius Naso의 작품 『변신 이야기Metamorphoses』에서 '이카로스Icarus'와 '다이 달로스Daedalus'의 이야기 중에 등장하는 문구.

Cura ut terra caelumque iustum accipiant calorem.
Nimis base noli regere, nec iter altissimum carpe.
In medio tutissimus ibis.

지구와 하늘이 적절한 열을 받도록 주의하라.
너무 낮게 몰지 말고,
너무 높은 길을 택하지도 말라.
너는 가운데 길에서 가장 안전하게 걸어 갈 것이다.

너는 가운데 길에서 가장 안전하게 걸어 갈 것이다.

In medio tutissimus ibis.

법치 | 사회가 있는 그곳에 법이 있다.

Ubi societas, ibi ius.

우비 소치에타스, 이비 이우스

로마 법학자 울피아누스Ulpianus 저서 『로마법 대전Digesta』의 법적 원칙 내용관련.

Ubi societas, ibi ius.
Nam sine iure nulla societas diu stare potest.
Ius non solum ordinem servat, sed etiam libertatem tuetur.

사회가 있는 곳에 법이 있다.
왜냐하면 법 없이 사회는 오래 지속될 수 없기 때문이다.
법은 단순히 질서를 유지할 뿐만 아니라 자유도 보호한다.

사회가 있는 그곳에 법이 있다.

Ubi societas, ibi ius.

47

사 랑 │ 사랑은 모든 것을 이긴다; 우리도 사랑에 굴복하자.

Omnia vincit Amor;
et nos cedamus Amori.

옴니아 윈칫 아모르;
엣 노스 체다무스 아모리

로마의 시인 베르길리우스Publius Vergilius Maro의 『목가Eclogae』 제 10곡 65행-72행.

Omnia vincit Amor; et nos cedamus Amori.
Haec sat erit divae, vestrum cecinisse poetam,
dum sedet, et gracili fiscellam texit hibisco,
Pierides; vos haec facietis maxima Gallo,
Gallo, cuius amor tantum mihi crescit in horas,
quantum vere novo viridis se subicit alnus.
Surgamus; solet esse gravis cantantibus umbra;
iuniperi gravis umbra; nocent et frugibus umbrae.

사랑은 모든 것을 이긴다; 우리도 사랑에 굴복하자.
이것으로 충분하리라, 신성한 여신들이여, 그대들의 시인이 노래한 것은
앉아서 가는 히비스커스 *가지로 작은 바구니를 엮으며,
피에리아의 여신들이여; 그대들은 이 노래를 갈루스에게 위대한 것으로 만들리라,

갈루스, 그의 사랑은 내게 시간마다 더욱 커져만 가는구나,
마치 새로운 봄에 푸른 오리나무가 자신을 드러내듯이.
일어납시다; 노래하는 이들에게 그늘은 무겁게 느껴지니;
노간주나무의 그늘은 무겁고; 그늘은 곡식에도 해롭다.

---

* 히비스커스는 아욱과에 속하는 식물로, 무궁화속(Hibiscus)에 포함되며, 특히 히비스커스 사브다르
  리파(Hibiscus sabdariffa)는 차로 널리 사용됩니다

사랑은 모든 것을 이긴다; 우리도 사랑에 굴복하자.
Omnia vincit Amor; et nos cedamus Amori.

사랑은 모든 것을 이긴다; 우리도 사랑에 굴복하자.
Omnia vincit Amor; et nos cedamus Amori.

48

분노와 열정 없이, 즉 편견 없이 기록하려 한다.

Sine ira et studio,
quorum causas procul habeo.

시네 이라 엣 스투디오 쿠오룸 카우사스 프로쿨 하베오
라틴어발음추가!

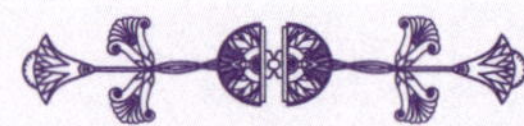

로마 역사학자 타키투스Publius Cornelius Tacitus의 저서 『연대기Annales』에 수록.

Tiberii Gaique et Claudii ac Neronis res florentibus ipsis ob metum falsae, postquam occiderant, recentibus odiis compositae sunt. Inde consilium mihi pauca de Augusto et extrema tradere, mox Tiberii principatum et cetera, sine ira et studio, quorum causas procul habeo.

티베리우스, 가이우스, 클라우디우스, 네로의 치적은
그들이 권세를 누릴 때는 두려움으로 인해 왜곡되었고,
그들이 죽은 후에는 최근의 증오로 인해 기록되었다.
따라서 나는 아우구스투스의 말년과 티베리우스의 통치 및 그 이후의 사건들을
분노와 열정 없이, 즉 편견 없이 기록하려 한다.

분노와 열정 없이, 즉 편견 없이 기록하려 한다.

Sine ira et studio,
quorum causas procul habeo.

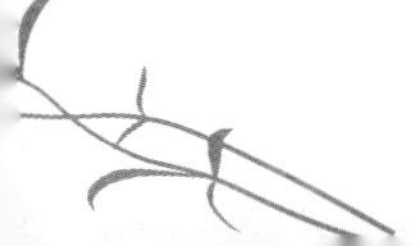

49

신앙

나는 믿기 위해 이해하려고 하는 것이 아니라
이해하기 위해 믿는다.

Neque enim quaero intelligere ut credam, sed credo ut intelligam.

네쿠에 에님 쿠아에로
인텔리제레 웃 크레담,
세드 크레도 웃 인텔리감

스콜라 철학자이자 신학자 안셀무스Anselmus Cantuariensis의 저서 『프로슬로기온Proslogion』에 등장한 문구.

**Neque enim quaero intelligere ut credam,
sed credo ut intelligam.
Nam et hoc credo: quia, nisi credidero, non intelligam.**

나는 믿기 위해 이해하려고 하는 것이 아니라 이해하기 위해 믿는다.
또한 나는 이것을 믿는다: 믿지 않으면 이해하지 못할 것이다.

나는 믿기 위해 이해하려고 하는 것이 아니라
이해하기 위해 믿는다.
Neque enim quaero
intelligere ut credam,
sed credo ut intelligam.

50

겸손 | 자신의 입에서 나오는 칭찬은 추하게 들린다.

Proprio ore laus sordet.

프로프리오 오레 라우스 소르뎃

로마 철학자이자 정치가, 키케로Marcus Tullius Cicero의 저서 『브루투스Brutus』에 등장한 문구.

Proprio ore laus sordet.
Melius est ab aliis laudari quam se ipsum extollere.
Nam vera gloria non in verbis, sed in factis consistit.

자신의 입에서 나오는 칭찬은 추하게 들린다.
스스로를 높이기보다는 다른 사람에게 칭찬받는 것이 더 낫다.
진정한 명예는 말이 아니라 행동에서 비롯된다.

자신의 입에서 나오는 칭찬은 추하게 들린다.

Proprio ore laus sordet.

51

여 정 | ## 인간의 삶은 순례이다.

Vita hominis peregrinatio est.

위타 호미니스 페레그리나시오 에스트

에라스무스Erasmus의 『격언집Adagia』 등장한 어구.

Vita hominis peregrinatio est.
Non hic manemus semper; sumus viatores, non possessores.
Sapientia non in rerum accumulatione, sed in itinere invenitur.
Finis vitae non est in terra, sed in caelis quaerendus.

인간의 삶은 순례이다.
우리는 여기 영원히 머무르지 않으며
소유자가 아니라 나그네일 뿐이다.
지혜는 물질을 쌓는 데 있는 것이 아니라 여정 속에서 발견된다.
삶의 궁극적인 목적은 땅이 아니라 하늘에서 찾아야 한다.

인간의 삶은 순례이다.

Vita hominis peregrinatio est.

52

분노

분노는 짧은 광기이지만
그것은 마음을 일시적으로 잃게 하며,
지속적인 광기와는 같지 않다.

Ira autem, quamquam brevis furor est, et mentem transitorie alienat, non idem tamen facit quod insania perpetua.

이라 아우렘, 쿠암쿠암 브레위스 푸로르 에스트, 엣 멘템 트란시토리에 알리에낫,
논 이뎀 타멘 파칫 쿠오드 인사니아 페르페투아

고대 로마 철학자 세네카Lucius Annaeus Seneca의 저서 『분노에 대하여De Ira』에 등장한 문구.

Alii, ut diximus, sine ulla causa irascuntur, quidam ultra modum, quidam diutius.
Ira autem, quamquam brevis furor est, et mentem transitorie alienat, non idem tamen facit quod insania perpetua.
Illud quoque interest, quod ceterae perturbationes sine consilio sunt, ira sine ratione.

어떤 사람들은 우리가 말했듯이,
아무런 이유 없이 화를 내고 어떤 사람들은 지나치게 어떤 사람들은 오랫동안 화를 낸다.
분노는 비록 짧은 광기이며 일시적으로 정신을 잃게 하지만 영구적인 광기와는 다르다.
또한 다른 격정들은 이성 없이 발생하지만 분노는 이성 없이 행동한다.

분노는 짧은 광기이지만
그것은 마음을 일시적으로 잃게 하며,
지속적인 광기와는 같지 않다.

**Ira autem, quamquam brevis furor est, et
mentem transitorie alienat,
non idem tamen facit quod insania
perpetua.**

53

예외

모든 예외는 그 자체로 하나의 규칙이다

Omnis exceptio est ipsa quoque regula.

옴니스 엑스쳅시오 에스트 입사 쿠오쿠에 레굴라

미국, 법학자이자 판사, 존 부비에John Bouvier의 1856년판 법률 사전에 수록 내용 관련.

Omnis definitio in iure civili periculosa est;
parum est enim ut non subverti possit.
Omnis exceptio est ipsa quoque regula.

모든 정의는 민법에서 위험하다;
이는 전복되지 않을 수 없기 때문이다.
모든 예외는 그 자체로 하나의 규칙이다.

모든 예외는 그 자체로 하나의 규칙이다

Omnis exceptio est ipsa quoque regula.

54

무상 | 행운은 유리와 같다. 반짝일수록 잘 깨진다.

Fortuna vitres est: tum cum splendet frangitur.

포르투나 위트레스 에스트: 툼 쿰 스플렌뎃 프란지투르

로마 작가 푸블리우스 시루스Publius Syrus의 『격언집Sententiae』에 등장한 어구.

Feras difficilia ut facilia perferas.
Fortuna vitrea est: tum cum splendet frangitur.
Feras quod laedit ut quod prodest perferas.

어려움을 견뎌라, 그러면 쉬운 일도 견딜 수 있을 것이다.
행운은 유리와 같아서 가장 빛날 때 산산이 부서진다.
해를 끼치는 것을 견디면 이로운 것도 견딜 수 있을 것이다.

행운은 유리와 같다. 반짝일수록 잘 깨진다.

Fortuna vitres est: tum cum splendet frangitur.

55

타
락

인간은 인간에게 신성한 존재이건만,
이제는 놀이와 농담으로 살해된다.

Homo, sacra res homini, iam per lusum ac iocum occiditur.

호모, 사크라 레스 호미니, 이암 페르 루숨 악 이오쿰 옥치디투르

로마 철학자 세네카Lucius Annaeus Seneca의 저서 『루킬리우스에게 보내는 도덕 서한Epistulae Morales ad Lucilium』에 등장한 내용.

Voluptas ex omni quaeritur. Nullum intra se manet vitium; in avaritiam luxuria praeceps est. Honesti oblivio invasit. Nihil turpe est, cuius placet pretium. Homo, sacra res homini, iam per lusum ac iocum occiditur et quem erudiri ad inferenda accipiendaque vulnera nefas erat, is iam nudus inermisque producitur satisque spectaculi ex homine mors est.

쾌락은 모든 곳에서 추구되고 있습니다.
어떤 악덕도 그 자체로 머물지 않고,
사치는 탐욕으로 치닫습니다.
명예에 대한 망각이 퍼졌습니다.
대가가 마음에 들면 어떤 추악함도 부끄럽지 않습니다.
인간, 인간에게 신성한 존재인 인간이 이제 놀이와 농담으로 살해되고,
상처를 주거나 받는 훈련조차 불경이라 여겨졌던 그 인간이
이제 벌거벗고 무장 해제된 채로 끌려나와,
인간의 죽음이 충분한 구경거리가 되고 있습니다.

인간은 인간에게 신성한 존재이건만,
이제는 놀이와 농담으로 살해된다.
Homo, sacra res homini, iam per lusum ac iocum occiditur.

56

성장 | 나는 후대의 찬사로 항상 새롭게 성장하리라.

usque ego postera crescam laude recens.

우스쿠에 에고 포스테라 크레스캄 라우데 레첸스

로마 시인, 호라티우스Quintus Horatius Flaccus의 『송가Odes』 제3권 30번째 시에 등장한 어구.

non omnis moriar multaque pars mei vitabit Libitinam
usque ego postera crescam laude recens.
Dum Capitolium scandet cum tacita virgine pontifex.

나는 완전히 죽지 않을 것이며,
나의 많은 부분은 리비티나(죽음의 여신)를 피할 것이다;
나는 후세의 칭송 속에 새롭게 성장할 것이며,
대사제가 조용한 처녀와 함께 카피톨리움*을 오를 때까지 계속될 것이다.

----

* 로마의 일곱 언덕의 하나로 Roma의 정치·종교의 중심지였으며 언덕 위에 세워졌던 Júpiter신의 신
전 (옛).

나는 후대의 찬사로 항상 새롭게 성장하리라.

usque ego postera crescam laude recens.

57

모
범

교훈을 통한 길은 길지만, 본보기를 통한 길은 짧고 효과적이다

Longum iter est per praecepta, breve et efficax per exempla.

론굼 이테르 에스트 페르 프라에쳅타, 브레웨 엣 에피카스 페르 엑셈플라

로마 철학자 세네카Lucius Annaeus Seneca의 저서 『루킬리우스에게 보내는 편지Epistulae Morales ad Lucilium』의 제 6서한에 등장한 문구.

Plus tamen tibi et viva vox quam oratio proderit et convictus. In rem praesentem venias oportet. Primum quia homines amplius oculis quam auribus credunt; deinde, quia longum iter est per praecepta, breve et efficax per exempla.

그러나 글보다는 살아있는 목소리와 함께하는 삶이 당신에게 더 큰 도움이 될 것입니다.
당신은 실제 현장에 와야 합니다.
먼저, 사람들은 귀로 듣는 것보다 눈으로 보는 것을 더 믿기 때문입니다.
다음으로, 교훈을 통한 길은 길지만, 모범을 통한 길은 짧고 효과적이기 때문입니다.

교훈을 통한 길은 길지만,
본보기를 통한 길은 짧고 효과적이다
Longum iter est per praecepta, breve et efficax per exempla.

58

자성

의사여, 네 자신을 치료하라.
우리가 가버나움에서 행해졌다고 들은 일들을
네 고향에서도 해보라.

Medice, cura te ipsum; quanta audivimus facta in Capharnaum, fac et hic in patria tua.

메디체, 쿠라 테 입숨;
쿠안타 아우디위무스 팍타 인 카파르나움,
팍 엣 힉 인 파트리아 투아

누가복음 4장 22절-24절 『Vulgata 성경』

Et omnes testimonium illi dabant: et mirabantur in verbis gratiae, quae procedebant de ore ipsius, et dicebant: Nonne hic est filius Ioseph?
Et ait illis: Utique dicetis mihi hanc similitudinem: Medice, cura te ipsum; quanta audivimus facta in Capharnaum, fac et hic in patria tua.
Ait autem: Amen dico vobis, quia nemo propheta acceptus est in patria sua.

그들이 다 그를 증언하고 그 입으로 나오는 바 은혜로운 말을 놀랍게 여겨 이르되
"이 사람이 요셉의 아들이 아니냐?" 하고,
그리고 예수께서 그들에게 말씀하셨다. 분명히 너희는 내게 이 격언을 말하리라.
"의사여, 네 자신을 치료하라. 우리가 가버나움*에서 행해졌다고 들은 일들을 네 고향에서도 해보라."
또한 이르시되 "내가 진실로 너희에게 이르노니, 선지자가 고향에서는 환영을 받는 법이 없느니라.

---

* 갈릴리 호수 북서 해안의 성읍으로 '나훔의 마을'이란 뜻. 신약성경에만 언급되는 성읍인데, 이곳은 신약 당시 로마 군대가 주둔하고 세관이 있는 큰 성읍이었다.

의사여, 네 자신을 치료하라.
우리가 가버나움에서 행해졌다고 들은 일들을
네 고향에서도 해보라.

Medice, cura te ipsum; quanta audivimus facta in Capharnaum, fac et hic in patria tua.

59

희
망

희망은 역경 속의 마지막 위안이다.

Spes est ultimum adversarum solatium.

스페스 에스트 울티뭄 아드웨르사룸 솔라시움

로마 철학자, 세네카Marcus Annaeus Seneca 저서 『논쟁Controversiae』에 등장 내용.

Spes est ultimum adversarum rerum solacium.
Nam dum spes manet, etiam in tenebris lumen inveniri
potest.
Sed cum spes deficit, nihil nisi desperatio restat.

희망은 역경 속에서의 마지막 위안이다.
왜냐하면 희망이 남아 있는 한
어둠 속에서도 빛을 찾을 수 있기 때문이다.
그러나 희망이 사라지면 절망만이 남게 된다.

희망은 역경 속의 마지막 위안이다.

Spes est ultimum adversarum solatium.

60

우정

선(善)은 그것 자체로 충족되며, 그것 안에
충분하고도 넘치는 즐거움과 희망을 지니고 있다.
그러나 우정에서 신뢰는 가장 중요한 요소다.

**Est enim bonum, quod ipsum se
amplectitur, quod habet satis
superque delectationis in se et spei,
fides autem in amicitia maxima est.**

에스트 에님 보눔, 쿠오드 입숨 세
암플렉티투르, 쿠오드 하벳 사티스
수페르쿠에 델렉타시오니스 인 세 엣 스페이,
피데스 아우렘 인 아미치시아 막시마 에스트

로마 정치가이자 철학자 키케로Marcus Tullius Cicero의 작품 『라엘리우스: 우정에 관하여Laelius de Amicitia』 내
용 관련.

Est enim bonum, quod ipsum se amplectitur,
quod habet satis superque delectationis in se et spei,
fides autem in amicitia maxima est.
Amicitia nihil aliud est nisi consensio benevolentiae et
caritatis.
Haec enim virtus amicitiam et gignit et continet,
nec sine virtute amicitia esse ullo pacto potest.
Itaque non divitiae, non honores, non voluptates,
sed fides et mutua benevolentia summum amicitiae
bonum est.

선은 그 자체로 충족되며, 그것 안에 충분하고도 넘치는 즐거움과 희망을 지니고 있다.
그러나 우정에서 신뢰는 가장 중요한 요소이다.
우정이란 다름 아닌 호의와 애정의 조화이다.
이 덕(virtus)이 우정을 낳고 유지하며, 덕 없이는 우정이 어떤 방식으로도 존재할 수 없다.
그러므로 우정의 가장 높은 가치는 부, 명예, 쾌락이 아니라 신뢰와 상호적인 호의이다.

선(善)은 그것 자체로 충족되며, 그것 안에
충분하고도 넘치는 즐거움과 희망을 지니고 있다.
그러나 우정에서 신뢰는 가장 중요한 요소다

**Est enim bonum, quod ipsum se amplectitur,
quod habet satis superque delectationis in
se et spei, fides autem in amicitia maxima
est.**

61

믿음 | 네가 가지고 있다고 믿어라, 그러면 너는 가진다.

Crede quod habes, et habes.

크레데 쿠오드 하베스, 엣 하베스

출처 미상

Crede quod habes, et habes.
Fiducia tua viam tibi aperiet.
Nam mens fortis potest etiam fata mutare.
Qui dubitat, iam dimidium perdidit.

가지고 있다고 믿어라, 그러면 가지게 될 것이다.
네 믿음이 길을 열어줄 것이다.
강한 마음은 운명조차 바꿀 수 있다.
의심하는 자는 이미 절반을 잃은 것이다.

네가 가지고 있다고 믿어라, 그러면 너는 가진다.
Crede quod habes, et habes.

끈기 있는 자에겐 불가능한 길은 없다.

Nulla tenaci invia est via.

눌라 테나치 인위아 에스트 위아

네덜란드의 자동차 제조사인 스파이커Spyker의 모토Motto. 오비디우스Publius Ovidius Naso의 『변신 이야기 Metamorphoses』 등장어구의 파생.

Nulla tenaci invia est via.
Perseverantia montes movet.
Difficilia quae videntur, saepe vincuntur voluntate.
Qui numquam desinit, tandem ad metam pervenit.

끈기 있는 사람에게 불가능한 길은 없다.
인내는 산을 움직인다.
어려워 보이는 것도 의지로 극복될 수 있다.
결코 멈추지 않는 자는 마침내 목표에 도달한다.

끈기 있는 자에겐 불가능한 길은 없다.

Nulla tenaci invia est via.

63

심
미

정신의 윤곽이 신체의 윤곽보다 더 아름답다.

Animi enim liniamenta sunt pulchriora quam corporis.

아니미 에님 리니아멘타 순트 풀크리오라 쿠암 코르포리스

로마 철학자이자 웅변가, 키케로Marcus Tullius Cicero의 저서 『투스쿨룸 논쟁Tusculanae Disputationes』에 등장한 어구.

Animi enim liniamenta sunt pulchriora quam corporis.
Ea autem liniamenta facit philosophia.
Cuius praeceptis ad honestae vitae studium vocamur.

정신의 윤곽은 육체의 윤곽보다 더 아름답습니다.
그리고 그 윤곽을 형성하는 것은 철학입니다.
그 가르침으로 우리는 고결한 삶의 열망으로 불려집니다.

정신의 윤곽이 신체의 윤곽보다 더 아름답다.

Animi enim liniamenta sunt pulchriora quam corporis.

64

영감 | 새로운 장소는 새로운 생각을 낳는다.

Nova loca novas cogitationes pariunt.

노와 로카 노와스 코지타시오네스 파리운트

로마의 수사학자 퀸틸리아누스Marcus Fabius Quintilianus의 저서 『웅변술의 교육Institutio Oratoria』의 내용 관련.

Nova loca novas cogitationes pariunt.
Cum ad locum quondam visendum redeamus, non solum ipsum locum agnoscimus,
sed etiam facta ibi gesta, voces amicorum, cogitationes tacitas recordamur.
Loci memoriae custodes sunt, animos nostros olim ibi relictos revocantes.

새로운 장소는 새로운 생각을 낳는다.
우리가 한때 방문했던 장소로 돌아오면 단순히 그곳을 인식하는 것이 아니라
그곳에서 행했던 일들, 친구들의 목소리, 조용한 생각들까지도 떠올린다.
장소는 기억의 수호자이며, 한때 그곳에 남겨둔 우리의 마음을 다시 불러낸다.

새로운 장소는 새로운 생각을 낳는다.

Nova loca novas cogitationes pariunt.

65

배움

영원히 살 것처럼 배우고, 내일 죽을 것처럼 살아라.

Disce ut semper victurus, vive ut cras moriturus.

디스체 웃 셈페르 윅투루스, 위웨 웃 크라스 모리투루스

3세기 영국 성직자이자 학자, 세인트 에드먼드Edmund of Abingdon 삶과 관련.

Disce ut semper victurus, vive ut cras moriturus.
Sapientia in dies crescat, nam scientia vitae lumen est.
At non obliviscaris hodiernum diem carpendum esse.
Nullus enim scit utrum crastinum diem visurus sit.

영원히 살 것처럼 배우고, 내일 죽을 것처럼 살아라.
지혜는 날마다 자라나야 하니 지식은 삶의 빛이기 때문이다.
그러나 오늘이라는 날을 붙잡아야 함을 잊지 마라.
아무도 내일을 볼 수 있을지 알지 못하기 때문이다.

영원히 살 것처럼 배우고, 내일 죽을 것처럼 살아라.

**Disce ut semper victurus,
vive ut cras moriturus.**

66

도전

지구에서 별까지 길은 쉽지 않다.

Non est ad astra mollis e terris via.

논 에스트 아드 아스트라 몰리스 에 테리스 위아

세네카Lucius Annaeus Seneca의 비극 작품 『헤라클레스 광기Hercules Furens』의 주인공 메가라Megara의 대사.

Non est ad astra mollis e terris via.
Multa pericula et labor longus viam sternunt.
Sic itur ad superos.
Fortes non fortuna, sed propria virtus tollit.

땅에서 별까지의 길은 쉽지 않다.
수많은 위험과 오랜 노력이 그 길을 닦는다.
이렇게 신들의 세계로 올라간다.
강한 자를 들어 올리는 것은 운명이 아니라 그의 덕 자체이다.

지구에서 별까지 길은 쉽지 않다.

Non est ad astra mollis e terris via.

67

극복 | 난관들을 헤치고 별을 향해 가라.

Per Ardua ad Astra

페르 아르두아 아드 아스트라

베르길리우스Publius Vergilius Maro의 『아이네이드Aeneid』 제9권 638-649행에 등장 글귀에서 영감을 받아 만들어진, 영국 왕립공군Royal Air Force, RAF의 모토Motto.

Per ardua ad astra.
Aetheria tum forte plaga crinitus Apollo
desuper Ausonias acies urbemque videbat
nube sedens, atque his victorem adfatur Iulum:
'Macte nova virtute, puer: sic itur ad astra,
dis genite et geniture deos. Iure omnia bella
gente sub Assaraci fato ventura resident,
nec te Troia capit.'

난관들을 헤치고 별을 향해 (가라).
그때 하늘의 영역에서 머리카락이 긴 아폴론(Apollo)가
구름에 앉아 아래로 이탈리아 군대와 도시를 바라보고 있었고,
승리한 아이올루스(Iulus)에게 이렇게 말했다:
'새로운 용기로 빛나는구나, 소년이여, 이렇게 별들(하늘)로 올라가는 것이다,
신들에게서 태어난 자여, 그리고 신들을 낳을 자여. 정당하게 모든 전쟁은
아사락의 후손인 너의 민족의 운명 아래 가라앉을 것이며, 트로이는 너를 담을 수 없다.

난관들을 헤치고 별을 향해 가라.
Per Ardua ad Astra

68

노력 | 노력 없는 인생은 어떤 것도 우리에게 주지 않는다.

Nil sine magno vita labore dedit mortalibus.

닐 시네 마그노 위타 라보레 데딧 모르탈리부스

로마 시인, 호라티우스Quintus Horatius Flaccus의 작품 『풍자시집Saturae』 제 1권 9번째시의 57행-62행에 등장한 어구.

Nil sine magno
Vita labore dedit mortalibus.
Haec dum agit, ecce Fuscus Aristius occurrit,
mihi carus et illum
qui pulchre nosset. Consistimus.

삶은 큰 노고 없이는
인간에게 아무것도 주지 않는다.
그가 이렇게 말하고 있을 동안 보라, 푸스쿠스 아리스티우스가 나타났다,
나에게 소중한 친구이자 그를 잘 아는 사람이다.
우리는 멈춰 섰다.

노력 없는 인생은 어떤 것도 우리에게 주지 않는다.

Nil sine magno vita labore dedit mortalibus.

69

분수

사람은 자신이 가진 권리보다 더 많은 권리를 다른 사람에게 이전할 수 없다.

Nemo plus iuris ad alium transferre potest quam ipse habet.

네모 플루스 이우리스 아드 알리움 트란스페레 포테스트 쿠암 입세 하벳

비잔틴제국 황제 유스티아누스 1세의 로마법 대전Corpus Juris Civilis의 『법률해설집Digesta』 제 50권 17장 52절-56절에 등장한 어구.

Nemo plus iuris ad alium transferre potest quam ipse habet.

Quod initio vitiosum est, non potest tractu temporis convalescere.

Nemo pro parte testatus, pro parte intestatus decedere potest.

Non videntur qui errant consentire.

Impossibilium nulla obligatio est.

아무도 자신이 가진 것보다 더 많은 권리를 타인에게 이전할 수 없다.

처음부터 결함이 있는 것은 시간이 지나도 유효하게 될 수 없다.

아무도 부분적으로는 유언을 남기고, 부분적으로는 유언 없이 사망할 수 없다.

잘못하는 사람들은 동의한 것으로 보이지 않는다.

불가능한 것에 대한 의무는 없다.

사람은 자신이 가진 권리보다 더 많은 권리를
다른 사람에게 이전할 수 없다.
**Nemo plus iuris ad alium transferre potest
quam ipse habet.**

70

극복 | 불은 금을 시험하고, 역경 강한 사람을 시험한다.

Ignis aurum probat, miseria fortes viros.

이그니스 아우룸 프로밧, 미세리아 포르테스 위로스

로마 철학자 세네카Lucius Annaeus Seneca의 저서 『섭리에 관하여De Providentia』에 등장한 어구 관련.

Ignis aurum probat, miseria fortes viros.
Per aspera ad astra iter arduum est, sed necesse est
fortibus ire.
Nam virtus non in commodis, sed in adversis ostenditur.

불은 금을 시험하고, 역경 강한 사람을 시험한다.
거친 길을 통해 별로 가는 길은 험난하지만,
강한 자들은 반드시 그 길을 가야 한다.
왜냐하면 덕은 편안한 곳이 아니라 어려운 상황 속에서 드러나기 때문이다.

불은 금을 시험하고, 역경 강한 사람을 시험한다.
Ignis aurum probat, miseria fortes viros.

71

너의 고통은 시간의 거리에 의해 완화될 것이다.

Temporis longinquitate mollietur dolor tuus.

템포리스 론진쿠이타테 몰리에투르 돌로르 투우스

로마의 철학자 세네카Lucius Annaeus Seneca의 저서 『마르키아에게 보내는 위로의 편지Ad Marciam』 내용 관련.

Temporis longinquitate mollietur dolor tuus.

Tempus omnia vulnera sanat.

Dolor acutus tempore lenitur et memoria mitescit.

Nulla nox perpetua est; lux semper redit.

Patientia et spes viam ad tranquillitatem monstrant.

시간의 흐름으로 너의 고통은 누그러질 것이다.

시간은 모든 상처를 치유한다.

날카로운 고통은 시간과 함께 누그러지고 기억은 부드러워진다.

영원한 밤은 없으며 빛은 언제나 돌아온다.

인내와 희망이 평온을 향한 길을 보여줄 것이다.

너의 고통은 시간의 거리에 의해 완화될 것이다.

Temporis longinquitate mollietur dolor tuus.

72

사랑 | 마음의 사랑은 자유로이 택할 수 있다.
그러나 쉽게 이루어지지는 않는다.

Amor animi arbitrio sumitur.
Non facile ponitur.

아모르 아니미 아르비트리오 수미투르. 논 파칠레 포니투르

푸블리우스 시루스Publilius Syrus의 『격언집Sententiae』에 수록.

Amor animi arbitrio sumitur, non facile ponitur.
Vera dilectio nec imperari nec emendari potest.
Corde libero eligitur et sola voluntate alitur.
Nam amor, si coactus est, iam amor non est.

사랑은 마음의 의지로 받아들여지며 쉽게 받아들여지지 않는다.
진정한 애정은 명령받을 수도 수정될 수도 없다.
자유로운 마음으로 선택되며 오직 자발적인 의지로 길러진다.
왜냐하면 사랑이 강요된다면 그것은 더 이상 사랑이 아니기 때문이다.

마음의 사랑은 자유로이 택할 수 있다.

그러나 쉽게 이루어지지는 않는다.

Amor animi arbitrio sumitur.

Non facile ponitur.

73

결과

하루의 끝이 하루 전체를 평가한다.

Diem vesper commendat.

디엠 웨스페르 콤멘닷

출처 미상

Diem vesper commendat.
Opera diei vesperi ponderantur.
Labor diligens fructus seros, sed certos affert.
Finis non minor quam initium aestimandus est.

저녁이 하루를 평가한다.
하루 동안의 수고가 저녁이 되어야 비로소 가늠된다.
성실한 노력은 더딘 결실을 맺지만 확실한 보상을 가져온다.
끝은 시작만큼이나 중요하게 평가되어야 한다.

하루의 끝이 하루 전체를 평가한다.

Diem vesper commendat.

양면성

사랑은 꿀과 쓸개즙이 함께 가득하다.

Amor et melle et felle est fecundissimus.

아모르 엣 멜레 엣 펠레 에스트 페쿤디시무스

로마 극작가, 플라우투스Titus Maccius Plautus의 희극 『당나귀희극Asinaria』 1막 3장에 수록 내용.

GYMN. **Amat haec mulier.**

SEL. **Eho, an amare hocce peramare amarum est, obsecro?**

GYMN. **Namque ecastor Amor et melle et felle est fecundissimus; gustui dat dulce, amarum ad satietatem usque adgerit.**

SEL. **Ad istam faciem est morbus, qui me, mea Gymnasium, macerat.**

GYMN. **Perfidiosus est Amor.**

SEL. **Ergo in me peculatum facit.**

GYMN. 이 여자는 사랑하고 있어.

SEL. 어이! 사랑을 시작하는 것이 그렇게 쓰디쓴 일이란 말인가, 제발?

GYMN. 정말이지, 맹세코 사랑은 꿀과 쓸개즙으로 가득 찬 것이야.
처음엔 달콤한 맛을 주지만, 충분할 정도로 쓴맛도 쏟아 붓지.

SEL. 저 얼굴을 보니 내 병의 원인이군. 내 사랑하는 짐나시움이여,
그것이 나를 야위게 하고 있어.

GYMN. 사랑은 믿을 수 없는 것이지.

SEL. 그럼 사랑은 내게 재물을 훔쳐가는 것이로군.

사랑은 꿀과 쓸개즙이 함께 가득하다.

Amor et melle et felle est fecundissimus.

75

이타 | ## 자신을 위해서가 아니라 모두를 위해서.

Non sibi, sed omnibus.

논 시비, 세드 옴니부스

미국 매사추세츠의 필립스 아카데미 앤도버Phillips Academy Andover의 모토Motto. 키케로Marcus Tullius Cicero 의 『의무론De Officiis』에서 등장 문구 파생.

Non nobis solum nati sumus.
Non sibi, sed omnibus.
Vera virtus in communi bono quaerenda est.
Qui proximis prodest, sibi quoque prodest.

우리는 자신만을 위해 태어난 것이 아니다.
자신을 위해서가 아니라 모두를 위해 살아야 한다.
진정한 덕은 공동의 선에서 찾아야 한다.
타인을 돕는 자는 결국 자신에게도 도움을 주는 것이다.

자신을 위해서가 아니라 모두를 위해서.
Non sibi, sed omnibus.

76

**결
핍**

욕망하는 자는 늘 가난하다.
가진 것에 만족하는 자는 언제나 풍족하다.

Semper inops quicumque cupit, semperque abundat cui satis est quod habet,

셈페르 이놉스 쿠이쿰쿠에 쿠핏, 샘페으퀘 아분단 쿠이 사티스 에스트 퀴드 하벳

로마 시인 클라우디아누스Claudius Claudianus의 작품 『루피누스에 대하여In Rufinum』 제 2권 178-183행.

Nec prece nec pretio superabile numen habemus.
Fortunamque suam dum quisque minatur et ardet,
accipit adversas certo sub iudice poenas.
Semper inops quicumque cupit,
semperque abundat cui satis est quod habet,
neque enim minor ignibus aether
sideribusve micat.

우리는 기도나 대가로 굴복시킬 수 없는 신성을 가지고 있다.
각자가 자신의 운명을 위협하고 열망하는 동안,
그는 확실한 심판 아래에서 역경의 벌을 받는다.
욕망하는 자는 언제나 빈곤하고
가진 것에 만족하는 자는 언제나 풍족하다.
하늘은 불꽃이나 반짝이는 별들로 인해
결코 덜 빛나지 않는다.

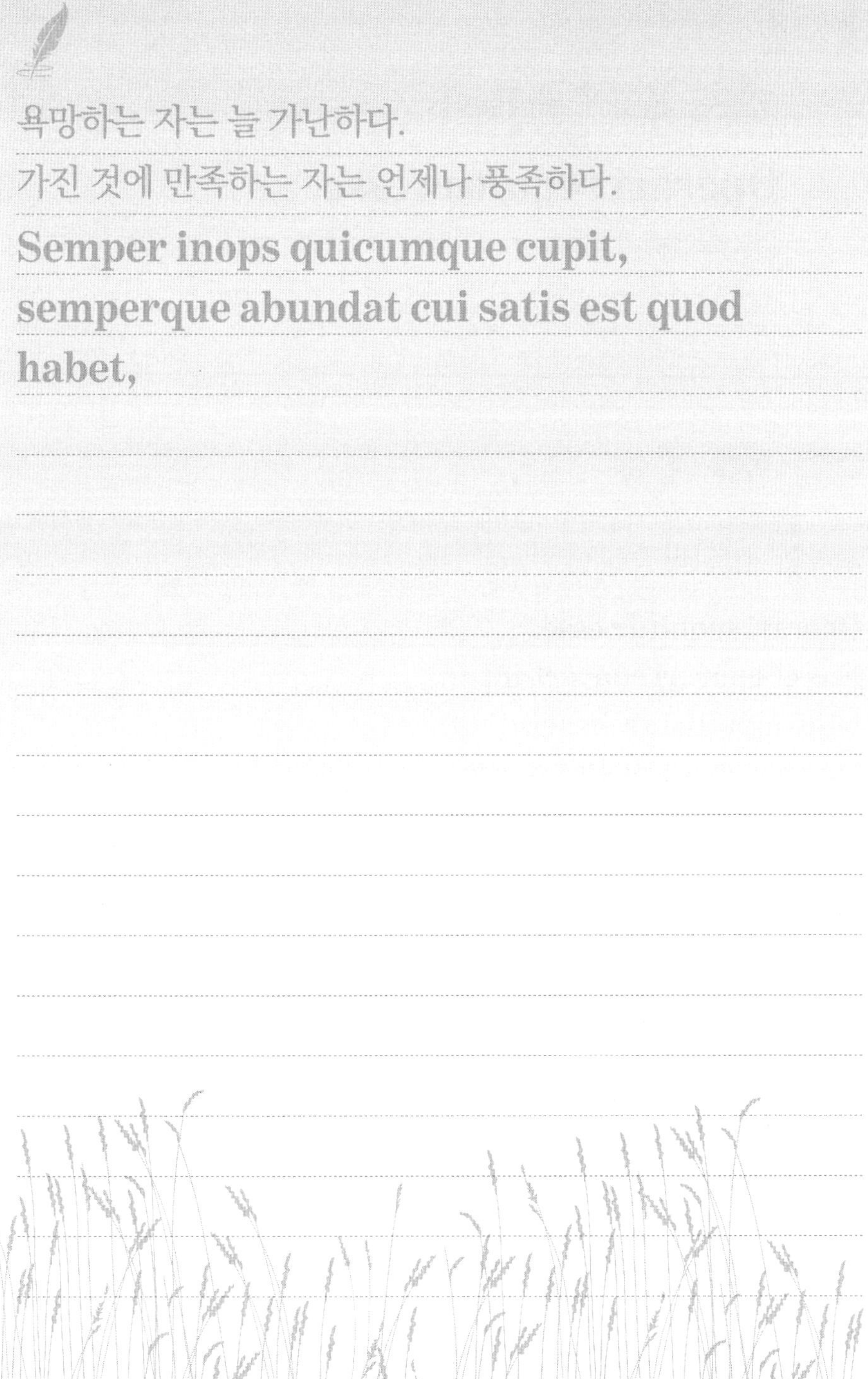

욕망하는 자는 늘 가난하다.
가진 것에 만족하는 자는 언제나 풍족하다.

Semper inops quicumque cupit, semperque abundat cui satis est quod habet,

본
질 | # 행동은 본질에 뒤따른다.

Operari sequitur esse.

오페라리 세쿠이투르 에세

스콜라 철학자, 토마스 아퀴나스Thomas Aquinas의 『신학대전Summa Theologiae』에서 '존재와 행위 사이의 관계'를 논하는 원칙과 관련.

Operari sequitur esse.
Ens et operari convertuntur.
Nihil agit nisi sit in actu.
Omne agens agit sibi simile.

행동은 본질에 뒤따른다.
존재와 행위는 상호 전환된다.
어떤 것도 실현되지 않으면 작용하지 않는다.
모든 작용하는 것은 자기와 유사한 것을 만들어낸다.

행동은 본질에 뒤따른다.
Operari sequitur esse.

78

경외심

신에 대한 경외심이 지혜의 시작이다.

Principium sapientiae timor Domini.

프린치피움 사피엔시아에 티모르 도미니

잠언 9장 8절-12절 『Vulgata 성경』

8 Noli arguere derisorem, ne oderit te; argue sapientem, et diliget te.

9 Da sapienti occasionem, et addetur ei sapientia; doce iustum, et addet sibi scientiam.

10 Principium sapientiae timor Domini; et scientia sanctorum prudentia.

11 Per me enim multiplicabuntur dies tui, et addentur tibi anni vitæ.

12 Si sapiens fueris, tibimetipsi eris; si autem illusor, solus portabis malum.

8 거만한 자를 책망하지 말라, 그가 너를 미워할까 두렵다;
지혜로운 자를 책망하라, 그가 너를 사랑하리라.

9 지혜로운 자에게 주라, 그리하면 그가 더욱 지혜로워질 것이다;
의로운 자를 가르치라, 그가 더욱 배울 것이다.

10 지혜의 시작은 주님을 경외함이요, 거룩한 자들의 지식은 명철이니라.

11 나로 말미암아 네 날들이 많아질 것이며, 네 생명의 해가 더해질 것이다.

12 네가 지혜로우면, 그 지혜가 네게 유익할 것이요;
네가 거만하면, 그 고통을 홀로 담당하리라.

79

자조 | 신들은 스스로 돕는 자를 돕는다.

Dii facientes adiuvant.

디이 파치엔테스 아디우완트

로마 학자 마르쿠스 테렌티우스 바로Marcus Terentius Varro의 『농업에 관하여De Re Rustica』 1장 4절에 등장하는 어구.

Quocirca scribam tibi tres libros indices, ad quos revertare, siqua in re quaeres, quem ad modum quidque te in colendo oporteat facere. Et quoniam, ut aiunt, dii facientes adiuvant, prius invocabo eos, nec, ut Homerus et Ennius, Musas, sed duodecim deos Consentis; neque tamen eos urbanos, quorum imagines ad forum auratae stant, sex mares et feminae totidem, sed illos XII deos, qui maxime agricolarum duces sunt.

그러므로 나는 너에게 세 권의 책을 집필하여 목록을 줄 것이다. 그 책들은 네가 농사에 있어 무엇을 어떻게 해야 할지 궁금할 때 돌아와 참고할 수 있는 것이다. 그리고 사람들이 말하듯, '신들은 행동하는 자들을 돕는다' 하니, 나는 먼저 신들에게 기도할 것이다.

그러나 나는 호메로스와 엔니우스처럼 '뮤즈들'에게 기원하는 것이 아니라, '열두 신'에게 기도할 것이다. 그런데 이들은 광장에 금으로 장식된 모습으로 서 있는 도시의 신들이 아니라, 남신 여섯 명과 여신 여섯 명으로 구성된, 농부들에게 가장 중요한 안내자가 되는 열두 신들이다.

신들은 스스로 돕는 자를 돕는다.

Dii facientes adiuvant.

신들은 스스로 돕는 자를 돕는다.

80

우세 | 맹인 나라에서는 눈 하나 가진 사람이 왕이다.

In regione caecorum rex est luscus.

인 레지오네 카에코룸 렉스 에스트 루스쿠스

에라스무스Desiderius Erasmus의 저서 『격언집Adagia』 수록된 내용.

In regione caecorum rex est luscus.
Non semper maximus vincit, sed melior inter infirmos eminet.
Inter tenebras etiam parva lux splendida videtur.
Sapientia mediocris inter ignaros summum decus habet.

맹인의 나라에서는 애꾸눈이 왕이다.
항상 가장 강한 자가 이기는 것은 아니며 약한 자들 사이에서는 조금 나은 자가 빛난다.
어둠 속에서는 작은 빛도 찬란하게 보인다.
보통 수준의 지혜라도 무지한 사람들 사이에서는 최고의 명예를 얻는다.

맹인 나라에서는 눈 하나 가진 사람이 왕이다.

In regione caecorum rex est luscus.

81

건
강 | ## 좋은 건강은 가장 큰 부보다 낫다.

Bona valetudo melior est quam maximae divitiae.

보나 와레투도 멜리오르 에스트 쿠암 막시마에 디위시아에

로마 철학자 세네카Lucius Annaeus Seneca의 저서 『행복한 삶에 대하여De Vita Beata』에 등장하는 어구와 관련.

Bona valetudo melior est quam maximae divitiae.
Verae divitiae sunt bona mentis;
ceterae fluxae et incertae,
nec semper hominum sunt.

좋은 건강은 최고의 부보다 낫다.
진정한 부는 마음의 선함에 있고, 나머지는 일시적이고 불확실하며
항상 인간의 것이 아니다.

좋은 건강은 가장 큰 부보다 낫다.

Bona valetudo melior est quam maximae divitiae.

좋은 건강은 가장 큰 부보다 낫다.

82

용맹

봄날은 영원히 푸르를 수는 없다.

Ver non semper viret.

웨르 논 셈페르 위렛

영국 해군 제독인 '에드워드 버논Edward Vernon' 업적을 기리는 책의 제목으로 그의 이름을 넣어 만든 라틴어 문구.

Ver non semper viret, sed nomen Vernonis semper florebit.
Fortitudo et prudentia magis valent quam fortuna.
Nauta fidelis, hostium terror, patriae gloria.
Qui pro honore pugnat, nomen suum aeternum relinquit.

봄은 항상 푸르지 않지만, 버논의 이름은 영원히 빛날 것이다.
용기와 지혜는 행운보다 더 큰 가치를 지닌다.
충직한 선원, 적들의 공포, 조국의 영광.
명예를 위해 싸우는 자는 자신의 이름을 영원히 남긴다.

봄날은 영원히 푸르를 수는 없다.

Ver non semper viret.

83

근면

게으른 자여,
개미에게로 가서 그 길을 보고 지혜를 배워라.

Vade ad formicam, o piger, et considera vias eius et disce sapientiam.

와데 아드 포르미캄,
오 피제르, 엣 콘시데라 위아스 에이우스 엣 디스체 사피엔시암

잠언 6장 5절 - 8절 『Vulgata 성경』

5   **Salvare quasi dammula de manu, et quasi avis de manu aucupis.**

6   **Vade ad formicam, o piger, et considera vias eius, et disce sapientiam.**

7   **Quae cum non habeat ducem, nec praeceptorem, nec principem,**

8   **Parat in aestate cibum sibi, et congregat in messe quod comedat.**

5   사냥꾼의 손에서 노루처럼, 올가미에서 벗어난 새처럼 스스로 구하라.

6   게으른 자여, 개미에게 가서 그것의 길을 살피고 지혜를 배워라.

7   개미는 지도자도, 감독자도, 통치자도 없지만,

8   여름 동안 양식을 마련하고, 추수 때에 먹을 것을 모아둔다.

게으른 자여,
개미에게로 가서 그 길을 보고 지혜를 배워라.

**Vade ad formicam,
o piger, et considera vias eius et disce
sapientiam.**

84

변화 | 난 과거의 내가 아니다.

Non sum qualis eram.

논 숨 쿠알리스 에람

로마의 시인 호라티우스Quintus Horatius Flaccus의 『송가Odes』 제4권 1번째 시에 등장하는 어구.

**Intermissa, Venus, diu
rursus bella moves? Parce, precor, precor.
Non sum qualis eram bonae
sub regno Cynarae.**

오랫동안 멈추었던 사랑의 전쟁을
비너스여, 다시 시작하려 하십니까?
제발, 부디 멈추소서.
나는 더 이상 과거의 내가 아닙니다,
사랑스러운 키나라의 지배 아래 있었을 때처럼.

난 과거의 내가 아니다.

Non sum qualis eram.

위선

눈물보다 더 빨리 마르는 것은 없다.

Nihil enim lacrima citius arescit.

니힐 에님 라크리마 치시우스 아레스칫

로마의 수사학 저서인 『헤르니우스에게 보내는 수사학Rhetorica ad Herennium』 제2권 31장 50절에 등장하는 어구 관련.

Quare, quom commiseratione uti volet orator, non diu eam tenere oportebit, ne auditorum animos satietas commiserationis abducat, brevemque esse oportebit, nihil enim lacrima citius arescit.

그러므로 연설자가 동정을 사용하고자 할 때, 그것을 오래 지속해서는 안 된다.
이는 청중의 마음이 동정에 대한 싫증으로 멀어지지 않도록 하기 위함이다.
따라서 동정은 짧게 해야 하며, '아무것도 눈물보다 빨리 마르지 않는다'고 하기 때문이다.

눈물보다 더 빨리 마르는 것은 없다.
Nihil enim lacrima citius arescit.

86

안부 | 만약 당신이 잘 계시다면, 저도 잘 있습니다.

Si vales Bene Est. Ego Valeo. (S.V.B.E.E.V.)

시 왈레스 베네 에스트. 에고 왈레오

라틴어 편지의 서두에 안부인사로 사용하는 상투적 표현, 줄여서 약자로 많이 사용함.

Si vales, bene est. Ego valeo.
Spero te in bonis rebus esse et diem placide agere.
Nihil novi apud me, nisi quod solito magis te videre cupio.
Si quid novi aut iucundi tibi accidit, scribe mihi.

당신이 잘 지낸다면, 그것은 좋은 일입니다. 저는 잘 지냅니다.
당신이 좋은 일들 속에서 평온한 하루를 보내기를 바랍니다.
저에게는 특별한 소식은 없지만, 평소보다 더욱 당신을 보고 싶어집니다.
새로운 소식이나 기쁜 일이 생기면 저에게 편지를 써 주세요.

87

젊어 고생은 사서도 한다.

Iuniores ad labores.

이우니오레스 아드 라보레스

잠언 20장 28절~31절 『Vulgata 성경』에 대한 29절의 Matthew Henry 성경 주석내용.

28. Misericordia et veritas custodiunt regem, et roborabitur clementia thronus eius.

29. Gloria iuvenum fortitudo eorum, et dignitas senum canities.

(Iuniores ad labores, seniores ad honores)

30. Livor vulneris absterget mala, et plagae in secretioribus ventris.

31. Gressus hominum diriguntur a Domino; quis autem hominum intellegere potest viam suam?

28. 인자와 진리가 왕을 보호하며, 그의 보좌는 인자함으로 말미암아 견고하게 서느니라.

29. 젊은이의 영광은 그의 힘이요, 노인의 아름다움은 그의 백발이니라.

   (젊은이는 노동을, 노인은 명예를)

30. 상처가 악을 없이 하느니라, 매는 사람의 속 깊은 데까지 들어가느니라.

31. 사람의 걸음은 여호와로 말미암아 사람이 어찌 자기의 길을 알 수 있으랴?

젊어 고생은 사서도 한다.
Iuniores ad labores.

88

애국

어느 누구도 조국이 위대해서가 아니라,
자신의 국가이기 때문에 좋아하는 것이다.

Nemo patriam, quia magna est,
amat, sed quia sua.

네모 파트리암, 쿠이아 마그나 에스트, 아맛, 세드 쿠이아 수아

로마 철학자인 세네카Lucius Annaeus Seneca의 『도덕 서한집Epistulae Morales』 제 66서한 25절-26절에 등장한 문구.

Quidni ego malim illam concavitatem, quamquam saxis exiguis inclusam, quam omnia maria omnia litora? Ulixes ad Ithacae suae saxa sic properat quemadmodum Agamemnon ad Mycenarum nobiles muros: nemo enim patriam quia magna est amat, sed quia sua.

어찌하여 나는 모든 바다와 해안보다 비록 작은 바위들로 둘러싸인 그 오목한 곳을 더 선호하지 않겠는가?
오디세우스는 자신의 이타카*의 바위들을 향해 아가멤논**이 미케네의 유명한 성벽으로 향하는 것과 같은 열정으로 서둘렀다; 어느 누구도 조국이 위대함이 아니라 자신의 국가이기 때문에 좋아하는 것이다.

----

*   이타키(그리스어: Ιθ κη) 또는 이타카는 이오니아해에 위치한 그리스의 섬.

**   그리스 신화의 영웅이자 미케네의 왕. 어원은 '생각을 많이 하는 자'.

어느 누구도 조국이 위대해서가 아니라,
자신의 국가이기 때문에 좋아하는 것이다.

Nemo patriam, quia magna est, amat, sed quia sua.

89

풍요

모자라는 것보다는 넘치는 것이 낫다.

Melius abundare quam deficere.

멜리우스 아분다레 쿠암 데피체레

라틴어 격언. 출처 미상.

Melius abundare quam deficere.
Nam copia securitatem affert, paupertas autem necessitatem.
Qui praeparat ultra modum, numquam inopia laborabit.
Melius est plus habere et non egere, quam egere et non habere.

부족한 것보다는 풍족한 것이 낫다.
풍족함은 안전을 가져오지만 가난은 궁핍을 초래한다.
필요 이상으로 준비하는 자는 결코 부족함을 겪지 않을 것이다.
더 많이 가지고 그것이 필요 없게 되는 것이 필요할 때 가지지 못하는 것보다 낫다.

모자라는 것보다는 넘치는 것이 낫다.

Melius abundare quam deficere.

90

양심

인간의 행동은 결코 신들을 속일 수 없다.

Acta deos numquam mortalia fallunt.

악타 데오스 눔쾀 모르탈리아 팔룬트

로마 시인 오비디우스Publius Ovidius Naso**의 작품인『비가(悲歌)Tristia』제1권 2번째 시 96행-99행에 등장 어구.

scis etenim quisquam divum prope numen in illo corpore
purpureo mens mea semper erat.
si tamen acta deos numquam mortalia fallunt,
a culpa facinus scitis abesse mea.

당신은 알고 있습니다. 저 붉은 옷을 입은 몸 속에 언제나
신성에 가까운 정신이 깃들어 있었음을.
그러나 인간의 행위가 결코 신들을 속이지 못한다면,
당신들은 나의 행위에 죄가 없었음을 알고 계십니다.

인간의 행동은 결코 신들을 속일 수 없다.
Acta deos numquam mortalia fallunt.

91

기록 | 말은 사라져도, 글은 남는다.

Verba volant, scripta manent.

웨르바 우올란트, 스크립타 마넨트

로마의 정치가이자 연설가인 카이우스 티투스^{Caius Titus}가 로마 원로원에서 한 연설에서 유래.

Verba volant, scripta manent.
Memoria hominum labilis est, sed litterae aeternitatem habent.
Quod scribitur, testem habet tempus; quod dicitur, ventis traditur.
Sapientia non solum in mente retinenda est, sed etiam in scriptis conservanda.

말은 날아가고 글은 남는다.
인간의 기억은 변하지만, 글은 영원성을 가진다.
글로 남긴 것은 시간이 증인이 되지만,
말로 한 것은 바람에 실려 사라진다.
지혜는 단지 기억 속에만 머물러서는 안 되며 글로 남겨 보존해야 한다.

말은 사라져도, 글은 남는다.

Verba volant, scripta manent.

92

경험

경험은 어리석은 자들을 가르치지만,
지혜로운 자는 실수 없이 배운다.

Experientia docet stultos, sed sapiens discit sine errore.

엑스페리엔시아 도쳇 스툴토스, 세드
사피엔스 디스칫 신네 에로레

로마시대 속담. 출처 미상.

**Experientia docet stultos, sed sapiens discit sine errore.
Sapientia non solum in casibus duris, sed etiam in observatione nascitur.
Qui discit ex aliis, minores poenas luet; qui solum ex se, tardius proficiet.
Melior est prudentia sine dolore, quam scientia post ruinam.**

경험은 어리석은 자들을 가르치지만,
지혜로운 자는 실수 없이 배운다.
지혜는 단지 혹독한 경험에서만이 아니라 관찰을 통해서도 얻어진다.
타인의 실수에서 배우는 자는 적은 대가를 치르고 배우지만
오직 자신의 경험에서만 배우는 자는 더디게 성장한다.
파멸 후에 얻는 깨달음보다는 미리 깨닫는 신중함이 더 낫다.

경험은 어리석은 자들을 가르치지만,
지혜로운 자는 실수 없이 배운다.

Experientia docet stultos, sed sapiens discit sine errore.

93

기회 | 친구들아! 우리는 (오늘)하루의 기회를 빨리 잡아야 한다.

Rapiamus, amici, occasionem de die.

라피아무스, 아미치, 옥카시오넴 데 디에

로마 시인, 호라티우스Quintus Horatius Flaccus의 작품 『풍자시Epodes』 제13편에 등장하는 문구.

**Horrida tempestas caelum contraxit et imbres
nivesque deducunt Iovem; nunc mare, nunc silvae
Threicio Aquilone sonant: Rapiamus, amici,
occasionem de die, dumque virent genua
et decet, obducta solvatur fronte senectus.
Tu vina Torquato move consule pressa meo.**

무서운 폭풍이 하늘을 뒤덮고 비와 눈이 쏟아져
주피터를 불러내리네; 이제 바다와 숲이
트라키아의 북풍에 울부짖는다.
친구들이여, (오늘) 하루의 기회를 붙잡자,
무릎이 아직 젊고 적절할 때,
찌푸린 이마의 노년을 풀어내자.
너는 나의 출생연도인 토르콰투스 집정관 시절에 압착된
와인을 가져오라.

친구들아! 우리는 (오늘)하루의 기회를 빨리 잡아야 한다.

Rapiamus, amici, occasionem de die.

94

모든 미지의 것은 대단한 것으로 여겨진다.

Omne ignotum pro magnifico est.

옴네 이그노툼 프로 마그니피코 에스트

로마 역사가, 타키투스Publius Cornelius Tacitus의 『아그리콜라Agricola』 제30장에 등장하는 어구.

Nos terrarum ac libertatis extremos recessus ipse ac sinus famae in hunc diem defendit: nunc terminus Britanniae patet, atque omne ignotum pro magnifico est; sed nulla iam ultra gens, nihil nisi fluctus ac saxa et infestiores Romani, quorum superbiam frustra per obsequium ac modestiam effugias.

우리는 지금까지 땅과 자유의 마지막 은신처를 지켜왔습니다:
이제 브리타니아의 경계가 드러났고,
모든 미지의 것은 대단한 것으로 여겨집니다;
그러나 그 너머에는 더 이상의 민족도 없고,
오직 파도와 바위만이 있으며, 로마인들은 더 위험합니다.
그들의 오만함을 순종과 겸손으로는 헛되이 피할 수 없습니다.

모든 미지의 것은 대단한 것으로 여겨진다.

Omne ignotum pro magnifico est.

95

유혹

주인이 없을 때, 사과가 맛있다.

Dulce est pomum cum abest custos.

둘체 에스트 포뭄 쿰 아베스트 쿠스토스

에라스무스Desiderius Erasmus의 『격언집Adagia』에 수록된 로마의 속담.

Dulce est pomum cum abest custos.

Illicitum semper magis allicit, quod negatur, plus placet.

Homo libenter appropinquat ad id, quod vetatur.

Quod raro habetur, pretiosius videtur.

주인이 없을 때, 사과(열매)가 맛이다.
금지된 것은 언제나 더욱 매혹적이며
거부된 것은 더욱 마음에 든다.
인간은 본능적으로 금지된 것에 더 끌린다.
희소한 것은 더 귀중하게 보인다.

주인이 없을 때, 사과가 맛있다.

Dulce est pomum cum abest custos.

96

다양성

사람 수만큼 의견이 있고,
각자에게는 자신만의 습관이 있다.

Quot homines, tot sententiae; suus cuique mos.

쿠옷 호미네스, 톳 센렌시아에: 수우스 쿠이쿠에 모스

로마의 극작가 테렌티우스Publius Terentius Afer의 희극 『포르미오Phormio』 제2막 제4장에 등장하는 문구.

Ego sedulo hunc dixisse credo; verum ita est:
quot homines, tot sententiae; suus cuique mos.
Mihi non videtur quod sit factum legibus rescindi posse:
et turpe inceptum est.

저는 그가 성실하게 말했으리라 믿습니다만
사실 사람 수만큼 의견이 있고
각자에게는 자신만의 방식이 있습니다.
제 생각에는 법적으로 이루어진 것을 취소할 수 없으며,
그 시도는 부끄러운 일입니다.

사람 수만큼 의견이 있고,
각자에게는 자신만의 습관이 있다.

Quot homines, tot sententiae; suus cuique mos.

97

정
의 | ## 세상이 망할 지라도, 정의를 행하라.

Fiat iustitia, pereat mundus.

피앗 이우스티시아, 페레앗 문두스

신성 로마 제국의 황제 페르디난트 1세Ferdinand I의 좌우명 내용 관련.

Fiat iustitia, pereat mundus.
Veritas et aequitas fundamenta societatis sunt,
nec timenda est ruina ob earum custodiam.
Si iustitia cedit utilitati, nihil restat quod homines regat.
Melius est mundum mutare per iustitiam,
quam iustitiam per mundum depravare.

정의가 실현되게 하라, 세상이 멸망하더라도.
진실과 정의는 사회의 기초이며,
그것을 지키는 것 때문에 파멸을 두려워해서는 안 된다.
만약 정의가 이익에 굴복한다면,
인간을 다스릴 아무런 원칙도 남지 않게 된다.
세상을 정의로 변화시키는 것이 낫지,
세상의 요구에 따라 정의를 타락시키는 것은 위험하다.

세상이 망할 지라도, 정의를 행하라.

Fiat iustitia, pereat mundus.

98

절제 | 모든 것을 참고, 너의 열망을 절제하라.

Omnia sustine et desideria tua abstine.

옴니아 수스티네 엣 데시데리아 투아 압스티네

그리스 철학자 에픽테토스Epictetus의 저서 『엥케이리디온Enchiridion』에서 유래한 표현.

Omnia sustine et desideria tua abstine.
Non res externas mutare possumus, sed animum
nostrum regere debemus.
Vera felicitas non in rebus, sed in moderatione et
tranquillitate cordis invenitur.
Qui pati potest et cupiditates frenare, is vere liber est.

모든 것을 참고, 너의 열망을 절제하라.
우리는 외부 환경을 바꿀 수 없지만,
우리 자신의 마음을 다스려야 한다.
진정한 행복은 사물 속에 있는 것이 아니라
절제와 내적 평온 속에서 발견된다.
고통을 견디고 욕망을 절제할 수 있는 자만이 진정으로 자유롭다.

모든 것을 참고, 너의 열망을 절제하라.

Omnia sustine et desideria tua abstine.

99

경
쟁 | 뱀은 뱀을 먹지 않으면, 용이 되지는 않는다.

Serpens, nisi serpentem comederit, non fit draco.

세르펜스, 니시 세르펜템 코메데릿, 논 핏 드라코

프랜시스 베이컨Francis Bacon의 수필 『포춘에 대하여Of Fortune』에서 등장하는 어구.

Faber quisque fortunae suae, saith the poet; and the most frequent of external causes is, that the folly of one man is the fortune of another; for no man prospers so suddenly as by others' errors. Serpens nisi serpentem comederit non fit draco.

[라틴어번역]

"Faber quisque fortunae suae," inquit poeta; et inter causas externas frequentissima est haec: quod stultitia unius fortuna alterius fit; nemo enim tam subito proficit quam per errores aliorum. "Serpens, nisi serpentem comederit, non fit draco."

시인이 말하길, '각자는 자신의 운명의 창조자이다';
그리고 외부 원인 중 가장 흔한 것은
한 사람의 어리석음이 다른 사람의 행운이 된다는 것이다;
다른 사람의 실수로 인해 갑작스럽게 성공하는 사람은 없다.
뱀은 뱀을 먹지 않으면 용이 되지 않는다.

뱀은 뱀을 먹지 않으면, 용이 되지는 않는다.

Serpens, nisi serpentem comederit, non fit draco.

시 간 | # 시간은 흘러도, 영원함은 존재한다.

Tempus fugit, aeternitas manet.

템푸스 푸짓, 아에테르니타스 마넷

로마 시인 베르길리우스Vergilius의 작품 『농경시Georgica』 제3권 284행에 등장하는 문구의 파생형태.

**optima quaeque dies miseris mortalibus aevi
prima fugit; subeunt morbi tristisque senectus
et labor, et durae rapit inclementia mortis.
Sed fugit interea, fugit inreparabile tempus.
singula dum capti circumvectamur amore.**

불행한 인간들에게 최고의 날들은 가장 먼저 사라지고;
질병과 슬픈 노년이 다가오며
고통과 가혹한 죽음의 냉혹함이 그들을 앗아간다.
하지만 그동안 되돌릴 수 없는 시간이 날아간다.
우리는 각자 사랑에 사로잡혀 주위를 맴돌고 있다.

101

거짓말

거짓말쟁이는 기억력이 좋아야 한다.
거짓말은 또 다른 거짓말을 낳기 때문이다.

Mendacem memorem esse oportet: mendacium enim ex mendacio oritur.

멘다쳄 메모렘 에세 오포르렛:
멘다치움 에님 엑스 멘다치오 오리투르

로마 수사학자 퀸틸리아누스Quintilianus의 저서 『웅변 교육Institutiones Oratoriae』 제4권 2장 91절에 등장하는 구절 및 파생.

Utrubique autem orator meminisse debebit actione tota quid finxerit; quoniam solent excidere quae falsa sunt: verumque est illud quod vulgo dicitur, mendacem memorem esse oportere: mendacium enim ex mendacio oritur.

어느 경우든 연설자는 전체 행위에서
자신이 무엇을 꾸며냈는지 기억해야 할 것이다.
왜냐하면 거짓된 것들은 흔히 잊혀지기 마련이기 때문이다:
그래서 일반적으로 말해지는 '거짓말쟁이는 기억력이 좋아야 한다:
거짓말이 또 다른 거짓말을 초래한다'는 말은 진실이다.

거짓말쟁이는 기억력이 좋아야 한다.
거짓말은 또 다른 거짓말을 낳기 때문이다.

**Mendacem memorem esse oportet:
mendacium enim ex mendacio oritur.**

102

습관

사람은 이성적으로 행동하기보다는
습관적으로 행동을 더 많이 한다.

Plura faciunt homines e consuetudine quam e ratione.

플루라 파치운트 호미네스 에 콘수에투디네 쿠암 에 라시오네

라틴어 격언. 출처미상.

Plura faciunt homines e consuetudine quam e ratione.
Nam quod saepe fit, facile fit, etiam si inutile sit.
Consuetudo quasi altera natura est, sed non semper bona.
Sapientia non in sola consuetudine, sed in iudicio et ratione reperitur.

사람은 이성적으로 행동하기보다는 습관적으로 행동을 더 많이 한다.
자주 행해지는 것은 쉬워지며, 비록 그것이 쓸모없더라도 그러하다.
습관은 마치 제2의 천성이지만, 그것이 항상 좋은 것은 아니다.
지혜는 단순한 습관이 아니라 판단과 이성 속에서 발견된다.

사람은 이성적으로 행동하기보다는
습관적으로 행동을 더 많이 한다.

Plura faciunt homines e consuetudine quam e ratione.

103

양심

믿음과 착한 양심을 가지라,
어떤 이들은 이 양심을 버렸고
그 믿음에 관하여는 파선하였느니라.

**habens fidem, et bonam conscientiam,
quam quidam repellentes,
circa fidem naufragaverunt.**

하벤스 피뎀, 엣 보남 콘스치엔시암, 쿠암 쿠이담 레펠렌테스,
치르카 피뎀 나우프라가웨룬트

디모데 전서 1장 18절 - 20절 『Vulgata 성경』

18 Praeceptum hoc commendo tibi, fili Timothee,
secundum praecedentes in te prophetias, ut milites
in illis bonam militiam,

19 habens fidem, et bonam conscientiam, quam quidam
repellentes circa fidem naufragaverunt;

20 ex quibus est Hymenaeus, et Alexander, quos tradidi
Satanae, ut discant non blasphemare.

18 아들 디모데야, 내가 네게 이 교훈으로서 명하노니 전에 너를 지도한 예언을 따라 그것으로 선한 싸움을 싸우며,

19 믿음과 착한 양심을 가지라. 어떤 이들은 이 양심을 버렸고 그 믿음에 관하여는 파선하였느니라.

20 그 가운데 후메내오와 알렉산더가 있으니 내가 사탄에게 내어준 것은 그들로 훈계를 받아 다시는 모독하지 못하게 하려 함이라.

믿음과 착한 양심을 가지라,
어떤 이들은 이 양심을 버렸고
그 믿음에 관하여는 파선하였느니라.
habens fidem, et bonam conscientiam, quam
quidam repellentes,
circa fidem naufragaverunt.

104

뒤를 돌아보라. 네가 인간임을 기억하라!

Respice post te; Hominem memento te esse!

레스피체 포스트 테. 호미넴 메멘토 테 에세

테르툴리아누스Tertullianus의 저서 『변증Apologeticum』 제33장 3절 등장 어구.

Negat illum imperatorem qui deum dicit; nisi homo sit non est imperator. Hominem se esse etiam triumphans in illo sublimissimo curru admonetur. Suggeritur enim ei a tergo: Respice post te; Hominem memento te esse! Et utique hoc magis gaudet tanta se gloria coruscare, ut illi admonitio condicionis suae sit necessaria.

자신을 신이라고 부르는 자는 황제가 아님을 부정하는 것이다;
그가 인간이 아니라면 황제가 될 수 없다.
심지어 개선식에서 가장 높은 전차를 타고 있는 승리한
장군조차도 자신이 인간임을 상기해야 한다.
그의 뒤에서 이렇게 말해주는 사람이 있기 때문이다:
'뒤를 돌아보라! 네가 인간임을 기억하라!'
그리고 그는 아마도 자신이 그렇게 찬란한 영광 속에서 빛나고 있기에,
자신의 본성을 상기하는 이러한 경고가 필요하다는 사실을 더욱 기쁘게 여길 것이다.

뒤를 돌아보라. 네가 인간임을 기억하라!

Respice post te; Hominem memento te esse!

105

자제

자기 자신도 다스릴 줄 모르면서
다른 이를 다스린다는 것은 모순이다.

Absurdum est ut alios regat, qui se ipsum regere nescit.

압수르둠 에스트 웃 알리오스 레갓, 쿠이 세 입숨 레제레 네스칫

중세 법 격언. 출처미상.

Absurdum est ut alios regat, qui se ipsum regere nescit.
Princeps non debet alios corrigere, nisi prius se ipsum
correxerit.
Qui vitia sua vincere non potest, alios iuste regere non
valebit.
Verus rector prius in se ordinem ponit, deinde in populo.

자기 자신도 다스릴 줄 모르면서 다른 이를 다스린다는 것은 모순이다.
지도자는 먼저 자신을 바로잡기 전에는 다른 이를 교정해서는 안 된다.
자신의 악덕을 극복하지 못하는 자는 다른 이를 올바르게 통치할 수 없다.
진정한 통치자는 먼저 자기 내면에 질서를 세우고,
그 후에 백성을 다스린다.

자기 자신도 다스릴 줄 모르면서
다른 이를 다스린다는 것은 모순이다.

Absurdum est ut alios regat, qui se ipsum regere nescit.

106

휴식 | 일을 더 잘하기 위해서 쉬어라.

Otiari, quo melius labores.

오시아리, 쿠오 멜리우스 라보레스

로마 철학자 세네카Lucius Annaeus Seneca의 『여가에 관해서De otio』에 등장한 내용에서 파생된 어구.

Otiari, quo melius labores.
Otio namque et tranquillitate animi opus est, ut possimus aliquid dignum efficere.
Non semper in opere virtus consistit; interdum requies ipsa pars laboris est.
Sicut terra post imbrem fecundior redditur, ita mens post quietem ad cogitandum aptior fit.

일을 더 잘하기 위해서 쉬어라.
우리는 가치 있는 무언가를 성취하기 위해
여가와 마음의 평온이 필요하다.
덕은 항상 일 속에서만 존재하는 것이 아니다;
때때로 휴식 자체가 노동의 일부이다.
땅이 비를 맞은 후 더 비옥해지듯이,
마음도 휴식을 취한 후 더 깊이 생각할 수 있게 된다.

일을 더 잘하기 위해서 쉬어라.

Otiari, quo melius labores.

107

중용 | # 무슨 일이든 지나치지 않게

Ne quid nimis.

네 쿠이드 니미스

로마 작가 테렌티우스Publius Terentius Afer의 희곡 『자기 벌을 받는 사람Heauton Timorumenos』에 등장한 문구 관련.

Chremes: **Fili mi, omnia cum mensura agenda sunt; nimium indulgere perniciem affert.**

Clitipho: **Ita vero, pater. Ne quid nimis, nam quod excedit modum, saepe nocet.**

Chremes: **Sapienter loqueris. Moderatio et prudentia viam rectam monstrant.**

Clitipho: **Sic est. Nec cupiditas nec timor nos regere debent, sed ratio.**

Chremes: 아들아, 모든 것은 절도를 지켜야 한다. 지나친 것은 해를 가져오는 법이지.

Clitipho: 맞아요, 아버지. 아무것도 지나치지 않게 해야 합니다.
한계를 넘어서면 종종 해가 되니까요.

Chremes: 지혜롭게 말하는구나. 절제와 신중함이 바른 길을 알려주지.

Clitipho: 그렇습니다. 욕망도 두려움도 우리를 지배해서는 안 됩니다.
오직 이성이 있어야 합니다.

무슨 일이든 지나치지 않게
Ne quid nimis.

108

진실 | 반짝이는 것이 모두 금은 아니다.

Non omne quod nitet aurum est.

논 옴네 쿠오드 니텟 아우룸 에스트

12세기 프랑스 수도사 알랭 드 릴Alain de Lille이 1175년에 쓴 『Non omne quod nitet aurum putandum est』 문구에서 유래. 셰익스피어William Shakespeare의 희곡 『베니스의 상인The Merchant of Venice』제 2막 7장에 등장해서 유명해진 어구.

All that glisters is not gold;
Often have you heard that told:
Many a man his life hath sold But my outside to behold:
Gilded tombs do worms enfold.

[라틴어 번역] Non omne quod nitet aurum est;
Saepe audisti hoc dictum esse:
Multi vitam suam vendiderunt ut solum mei speciem viderent:
Tecti auro tumuli vermes continent.

반짝이는 모든 것이 금은 아니니라;
너희는 이 말을 자주 들었으리라.
많은 이들이 단지 나의 외관을 보기 위해 그들의 삶을 팔았노라.
금으로 덮인 무덤도 그 안엔 벌레가 있도다.

반짝이는 것이 모두 금은 아니다.

Non omne quod nitet aurum est.

반짝이는 것이 모두 금은 아니다.

109

역설

독은 금잔에 담겨 마셔진다. 내가 경험한 바로는,
나쁜 운이 좋은 운보다 나을 수 있다.

Venenum in auro bibitur.
Expertus loquor:
Malam fortunam bonae praeferre licet.

웨네눔 인 아우로 비비투르. 엑스페르투스 로쿠오르:
말람 포르투남 보나에 프라에페레 리쳇

로마 철학자 세네카Lucius Annaeus Seneca의 작품 『티에스테스Thyestes』에 등장한 문구.

450	Obstare nulli, capere securas dapes humi iacentem!
451	Scelera non intrant casas,
452	Totusque cibus mensa angusta capitur.
453	Venenum in auro bibitur — expertus loquor:
454	Malam fortunam bonae praeferre licet.
455	Non vertice alti montis impositam domum
456	Et eminentem civitas humilis tremit

450	아무에게도 저항하지 않으며, 땅에 낮게 누워 안전한 음식을 취하는 것이 더 낫다!
451	죄악은 초라한 오두막에는 들어오지 않는다.
452	작은 식탁 위에서도 충분히 배를 채울 수 있다.
453	독은 금잔 속에서 마셔진다. 나는 이를 경험한 자로서 말한다:
454	나쁜 운이 좋은 운보다 나을 수 있다
455	높은 산꼭대기에 세워진 집이 아니라,
456	보잘것없는 작은 도시도 위태로운 곳을 두려워하지 않는다.

독은 금잔에 담겨 마셔진다. 내가 경험한 바로는,
나쁜 운이 좋은 운보다 나을 수 있다.

Venenum in auro bibitur.
Expertus loquor:
Malam fortunam bonae praeferre licet.

110

사
랑

네가 사랑받고 싶다면, 사랑해라.

Si vis amari, ama.

시 위스 아마리, 아마

로마 철학자 세네카Lucius Annaeus Seneca의 도덕 서한집Epistulae Morales ad Lucilium』제9서한 6절 내용에 등장.

Quaeris quomodo amicum cito facturus sis? dicam, si illud mihi tecum convenerit, ut statim tibi solvam, quod debeo, et quantum ad hanc epistulam, paria faciamus. Hecaton ait: "Ego tibi monstrabo amatorium sine medicamento, sine herba, sine ullius veneficae carmine: si vis amari, ama. Habet autem non tantum usus amicitiae

당신은 어떻게 하면 빨리 친구를 만들 수 있을지 묻고 있군요. 말해 드리겠습니다. 다만 한 가지를 약속해 주세요. 나 역시 당신에게 빚진 것을 즉시 갚고, 이 편지에서도 우리가 같은 방식으로 행하는 것이 좋겠습니다.

헤카톤은 이렇게 말했습니다: '나는 당신에게 약물도, 약초도, 마녀의 주문도 없이 사랑을 얻는 방법을 보여주겠습니다: 사랑받고 싶다면, 사랑하라. 그러나 우정의 효용성은 단지 여기에 그치지 않습니다.

네가 사랑받고 싶다면, 사랑해라.
Si vis amari, ama.

111

학
문

학문 없는 여가는 죽음이며 살아있는 인간의 무덤이다.

Otium sine litteris mors est et hominis vivi sepultura.

오시움 시네 리테리스 모르스 에스트 엣 호미니스 위위 세풀투라

영국, 더비 그래머 스쿨Derby Grammar School에서 모토Motto. 로마 철학자 세네카Lucius Annaeus Seneca의 『도덕 서한집Epistulae Morales ad Lucilium』 제82서한 3절 내용에 등장.

"Quid ergo?" inquis, "non satius est vel sic iacere quam in istis officiorum verticibus volutari?" Utraque res detestabilis est, et contractio et torpor. Puto aeque qui in odoribus iacet mortuus est quam qui rapitur unco; otium sine litteris mors est et hominis vivi sepultura.

"그러면 어떻게 해야 합니까?" 당신이 묻습니다.
"이렇게 누워 있는 것이 저런 업무의 소용돌이에 휘말려 사는 것보다 낫지 않습니까?"
어느 쪽이든 바람직하지 않습니다. 지나친 활동도 무기력한 나태도.
나는 향수 속에 누워 있는 사람은 갈고리에 끌려가는 사람만큼이나 죽은 것이라고 생각합니다. 학문 없는 여가는 죽음이며, 살아 있는 사람의 무덤입니다.

학문 없는 여가는 죽음이며
살아있는 인간의 무덤이다.

**Otium sine litteris mors est et
hominis vivi sepultura.**

산초티처의 **111** 라틴어 필사집

초판 1쇄 발행 2025년 12월 15일

지은이 조경호
펴낸이 서덕일
펴낸곳 오르비타

출판등록 2014.7.24 (제2014-73호)
문의사항 카카오톡 문예림 검색 대화 신청
전자우편 info@moonyelim.com
홈페이지 www.moonyelim.com

ISBN 979-11-995613-1-1 (03100)

값 19,000원